35歳から創る自分の年金

大和総研金融調査部研究員・CFP®
是枝俊悟
Shungo Koreeda

日本経済新聞出版社

はじめに　老後を不安に感じる同世代の読者に向けて

本書は、今年、２０２０年に35歳になる１９８５年生まれの著者が、同世代の35歳前後の読者が65歳になり年金を受け取り始める２０５０年頃までを見通して書いた「私たちのための年金の本」です。

35歳時点では同世代の6～7割が結婚して家庭を持っており、住宅を購入する人が最も多いのも30代です。２０５０年というと、これまでは映画やアニメに出てくる空想の世界の数字だったかもしれませんが、出産や住宅購入などのライフイベントを経ると、途端にそれが、子どもが大学を卒業する年や、住宅ローンを返済し終わる年といった、実感を持ったリアルな数字として意識されるようになってきます。

35歳前後の私たちが、結婚、出産、住宅購入などを契機にうっすらと自分たちの老後を考え始めたとき、まずぶち当たるのが公的年金への不安です。

内閣府の調査では、30代のうち老後の生活設計について考えたことがある人の７・１％は「公的年金には頼らない」と考えており、「公的年金にはなるべく頼らず、できるだけ個人年金や貯蓄などを中心に考える」人も26・８％います。

（私が所属する大和証券グループも含む）証券会社や銀行、保険会社などは「公的年金以外にも老後に備えた資産形成をしましょう」といった話をしています。しかし、年金にあまり頼れないとすると、いったいどれだけの金額を貯蓄（あるいは投資）していけばいいのか全く見当がつかなかったり、そもそも将来のことを考えるのがばからしくなってしまったりする方もいるのではないかと思います。

本書は、そのような35歳前後の読者のために、公的年金の現状と未来像を示し、私たちが安心して豊かな老後を迎えるために何が必要なのかを一緒に考えていく本です。もちろん、それよりも若い世代の方や、上の世代の方にも参考にしていただける内容を多く盛り込んでいます。

「35歳から創る自分の年金」というと、私的年金や資産運用の本だと思った方が多いかもしれませんが、本書の紙幅の大半は公的年金（厚生年金・国民年金）の解説に割きます。もちろん私的年金や資産運用も大事なのですが、私たちの老後のベースとなるのは、やはり公的年金だからです。

第1章では、厳しい少子高齢化が進むなかでも、私たちにも公的年金が支給されるようになっている仕組みを解説し、「私たちは年金をもらえないかもしれない」という不安を払拭します。

第2章では、年金額がどのようにして決まるのかを解説します。ざっくりいうと、公的年金の支給額が増減する要因には、日本全体の経済成長率が高くなるか低くなるかというマクロの要因と、自分の世帯の生涯賃金が多くなるか少なくなるかというミクロの要因の2つがあります。

マクロ要因によっては年金額が今の高齢者の平均より少なくなってしまう可能性もありますが、それはあくまで、妻が生涯専業主婦（または扶養の範囲内のパート）であることを前提とした「モデル世帯」のものです。世帯の生涯賃金を増やすミクロの要因によって、マクロの減少分を補うこともできます。その方法のひとつが、夫婦共働きを続けることです。

第3章では、1955年生まれ・65年生まれ・75年生まれ・85年生まれの世代ごとの年金額の平均像の試算を紹介します。この30年間で、女性の働く環境は大きく変わっています。30年前は結婚すれば退職する寿《ことぶき》退社が当たり前でしたが、今や結婚や出産を経ても職場にとどまる女性が過半数を占めるようになっています。また、一度結婚や出産を機に退職した女性であっても、今後の働きによって収入を伸ばしていくこともできます。女性の収入を含めた「世帯の生涯賃金」をもとに私たちの世代の年金額を試算すると、私たちの世代が老後に受け取る世帯の年金額は、今の「モデル世帯」の年金額を大きく上回りました。私たちに待ち受けている未来は、決して暗いものではないのです。

一方で、公的年金には弱点もあります。単身世帯や、自営業やフリーランスで働く人などは、公的年金だけでは老後の生活が苦しくなりがちです。また、世帯収入の多い共働き世帯では年金額そのものは多くなるのですが、現役時代の収入に対する比率では低水準となる面もあります。第4章では、多様なライフスタイル、生き方と年金制度の関係について解説し、第5章ではそれを踏まえた資産形成の必要性と、資産形成の際に役立つ2つの制度、ＮＩＳＡとｉＤｅＣｏ（イデコ）について解説します。

最後に、今検討されている年金制度の改革が私たちに及ぼす影響と、それを私たちがどうみていけばよいのかを第6章で解説します。

本書を読んでいただくことによって、35歳前後の同世代の読者の皆様が、公的年金制度の現在と未来の姿について見通すことができ、それを踏まえて、少しでも生涯賃金を増やすために今後の働き方を見直したり、公的年金にプラスするための資産形成を行ったりといった、前向きな行動を考えられるようになれば、著者としてこの上ない幸せです。

目次

第２章 「自分の年金」の金額はどのようにして決まるのか

第5章　豊かな人生を過ごすための資産運用との付き合い方　179

私たちにも「公的年金」は支払われる

第1章

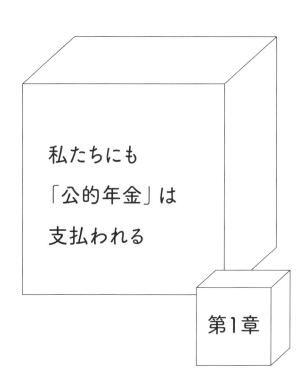

1 そもそも「公的年金」は何のためにあるのか

私たちにとって、年金とはどういうもの？

30代の私たちにとって、「公的年金」というのはどういう存在でしょうか。

会社員や公務員の読者は、給与天引きにより毎月厚生年金保険料を払っているものと思います。その保険料は給与や賞与の支給額（標準報酬月額）の9・15％（従業員負担分）であり、例えば月給が30万円であれば、2万7450円になります（これに加えて、同額を会社が負担しています）。毎月、税引前の給与支給金額から所得税や住民税、健康保険料などが控除されていますが、給与明細をみると、ほとんどの人にとって最大の控除項目は厚生年金保険料であることが分かります。

自営業やフリーランスの方、あるいは、非正規雇用であるなどの理由で勤め先の厚生年金に加入されていない方などは、国民年金保険料を毎月あるいは前納などで自ら支払っているものと思います。ほとんどの会社員よりも月の保険料は少ないものの、自分で納付書や口座振替、クレジットカードなどにより保険料を納付している分、その負担を切実に感じている人が多いのではないでしょうか。

同じ社会保険でも「健康保険」であれば、医者にかかったことがこれまで一度もない人はまずいないでしょうから、健康保険制度があることの重要性や保険料を納めることの大切さを理解することは難しくないものと思います。けれど、自分が「公的年金」から給付を受けたことがあるかと聞かれると、読者の９割以上は「ない」と答えるでしょう。

自営業やフリーランスの方であれば、保険証を取り上げられると困るから国民健康保険料はなんとか納めていても、家計が苦しいときに国民年金保険料を未納にしてしまった経験がある方も少なくないでしょう。実際、国民健康保険については、支払うべき保険料の92・45％がきちんと納められています（厚生労働省「平成29年度国民健康保険（市町村）の財政状況について」による２０１７年度の値）。しかし、国民年金については支払うべき保険料のうち74・64％しか納付されていません（厚生労働省「平成30年度の国民年金の加入・保険料納付状況について」による２０１６年度の最終納付率）。

私たちは年金をもらうことを期待できない？

なかには、どうせ自分たちは保険料に見合う給付は受けられないからと、国民年金保険料を支払えるお金があるのに敢えて未納にして、代わりに個人年金保険などで貯蓄をしている方も一定数いるようです。実際に、30代の国民年金保険料滞納者のうち10・３％は個人年金に加入

図表1-1　老後の生活設計の中での公的年金の位置づけ

問：あなたは、老後の生活設計の中で、公的年金をどのように位置づけていますか。この中から1つだけお答えください。
（老後の生活設計について「考えたことがある」と答えた人が対象）

		30代	70代以上
①全面的に公的年金に頼る	…	2.5%	45.0%
②公的年金を中心とし、これに個人年金や貯蓄などを組み合わせる	…	61.6%	41.9%
③公的年金にはなるべく頼らず、できるだけ個人年金や貯蓄などを中心に考える	…	26.8%	6.1%
④公的年金には頼らない	…	7.1%	4.6%
⑤その他／特にない／わからない	…	2.0%	2.4%

2018年11月調査。この質問の回答者は、30代198人、70代以上540人。

（出所）内閣府「老後の生活設計と公的年金に関する世論調査」

し、平均1万3000円の保険料を払っています（厚生労働省「平成29年国民年金被保険者実態調査」による）。

図表1－1は、老後の生活設計のなかで公的年金をどのように位置づけているかを聞いたもので、既に公的年金が支給されている70代以上の方は45・0％が「全面的に公的年金に頼る」と回答しているのに対し、30代ではそのように答えた人は2・5％しかいません。

他方、「公的年金にはなるべく頼らず、できるだけ個人年金や貯蓄などを中心に考える」と答えた人は、70代以上では6・1％にとどまりますが、30代では26・8％います。

既に年金を受給している高齢者と比べて、私たちの世代は公的年金にあまり期待できず、頼れないものと思っている方が少なくないようです。

30代にとっての「公的年金」とは、すぐに給付を受けることがなさそうで、かつ、将来もあまり期待できないにもかかわらず、毎月結構な金額の保険料を支払わされている、そんな「厄介な存在」として映っているのかもしれません。

どんなときに公的年金が支給されるか

ではいったいどういうときに、「公的年金」の給付が受けられるのでしょうか。

真っ先に思い浮かぶのは、自分が高齢者になったときに受け取れる「老齢年金」でしょう。

現在の法律では、１９６６年度以後に生まれた人は、公的年金の原則の支給開始年齢は65歳となっています。２０２０年度に35歳（１９８５年度生まれ）になる読者も30年後の２０５０年度から公的年金が支給されるようになります。

歳をとっていくと心身ともに衰えていきますし、多くの企業には定年もありますので、就労によって収入を得ることが難しくなっていきます。それでも人生はまだまだ10年、20年と続いていきますので、高齢になって収入を得るのが難しくなってきたときに年金で生活を支えられることの効果は大きいです。

30代の読者であれば、親が60代の方が多いと思いますが、親が退職したら仕送りをしなければならないとか、一緒に住んで生活を支えなくてはいけないと考えている方は少数ではないでしょうか。親や祖父母に公的年金が支給されるからこそ、親や祖父母が子どもや孫に依存せずに自立した生活を営むことができるのです。

今は65歳から公的年金が支給されるけれど、私たちが高齢者になるころには、それが70歳や75歳からに引き上げられてしまうのではないか、と思った方もいるかもしれませんが、日本の公的年金には「マクロ経済スライド」があるため、それを心配する必要はありません（詳しくは、41ページ以後で説明します）。

また、公的年金には、障害年金や遺族年金といったものもあります。障害年金は、病気や怪我などにより障害を負い就労により収入を得ることが難しくなった場合に支給されるものです。遺族年金は、家計を支える者が不幸にも亡くなってしまった場合に遺された家族の生活を支えるために支給されるものです。これらは、年齢にかかわらず（本人や家族に）支給されます。

「人生の大きなリスク」を個人や家族で負うことは難しい

公的年金は、老後の生活費、障害を負った後の生活費、死亡した場合の遺された家族の生活費を支えるものですが、もし公的年金がなかったら私たちはこれらのリスクを背負い切れるでしょうか。

たとえ生活費を1世帯で年180万円（月15万円）に抑えたとしても、例えば、65歳から85歳まで20年間生活するためには3600万円が必要です。夫がサラリーマンで、0歳の子どもと専業主婦の妻がいる家庭で夫が亡くなった場合、子どもが18歳になるまでだけを考えても3240万円が必要になります。もし35歳で障害を負い、その後85歳まで50年間生きるとすると、必要な生活費は9000万円にもなります。これほどの金額の貯蓄を普通の人が準備することはまずできませんし、たとえこの金額を準備できたとしても、何歳まで生きるのかが分からない以上、それで安心することはできないのではないでしょうか。

公的年金がない戦前の民法では、家長（戸主）の許可がなければ結婚することはできませんでした。これは、家族制度の価値観の問題もさることながら、生活上の要請も強かったように思います。親の老後の面倒は子やその妻がみることが当たり前とされるなかで、子が勝手に家を出て行ってしまったり、親からみて子の結婚相手が信頼できなかったりしたら、親にとっての老後の生活は大変不安なものになるでしょう。

令和の時代を生きる私たちにとって、結婚の自由、職業選択の自由、親と同居しない自由は当たり前のものだと思いますが、これらの自由は、公的年金が親の老後の生活を支えてくれているからこそ実現できている面があります。

民間保険は保険料を払っている人しか救えない

そうはいっても、民間の保険もあるじゃないかと思う方もいるかもしれません。

障害年金と遺族年金については、民間の保険会社が運営することもそんなに難しくありません。障害を負うこととなる確率や（若いうちに）死亡する確率はだいたい分かっているため、多くの加入者を集めることができれば、集めた保険料で決まった金額の年金額を約束する保険を作ることができます。

こうした保険は「年金型生命保険」や「就業不能保険」などといった名前で販売されています。これらの保険は公的年金と合わせていざというときの保障を厚くするために使うべき保険ですが、国の障害年金や遺族年金に代わる機能を持つともいえます。

ただし、当たり前のことですが、民間の保険は保険料（掛金）を払った人にしか給付することはできませんし、保険会社が国民に保険の加入や保険料（掛金）の支払いを強制させることもできません。無保険ゆえに、生活を支える大黒柱が亡くなったり障害を負ったりしても年金がもらえない国民がたくさん出てしまえば、社会は不安定になってしまいます。

国が年金を運営するからこそ、法律に基づいて国民に強制的に保険に加入させることができ、所得や財産がありながらも保険料を未納にしている人がいたら差し押さえをしてでも保険料を払わせることができます。公的年金だからこそ無保険者をなるべくなくして必要な人に必要な給付を届けることができるのです。

老齢年金を民間が運営するのは難しい

障害年金や遺族年金に比べ、老齢年金を民間の保険会社が運営することは難しいものです。将来決められた金額を一生涯にわたって支払うためには保険料をいったいいくらにしたらいいのか、なかなか見込めないからです。

日本人の平均寿命は1955年の時点では男性63・60歳・女性67・75歳でしたが、2015年には男性80・75歳・女性86・99歳となり、60年間で男性は約17年、女性では約19年も長生きするようになりました（厚生労働省「第22回生命表（完全生命表）」による）。

他方で、昭和の時代はほとんどの期間で国債の金利が5％を上回っていましたが、現在はゼロ％前後です。リスクを取った運用をしなければ集めた保険料を増やしにくい状況にあります。

民間保険会社が販売している「個人年金保険」は、老後の支えとするために大変人気で、30代でも約2割の人が加入しています。しかし、個人年金保険のほとんどは、10年間や20年間の有期の年金を保証する商品で、終身で年金の支払いを保証してくれる商品は少ないです。

個人年金保険の一類型として終身で年金額の支払を保証する「トンチン年金」もありますが、50歳以上でないと加入できない商品がほとんどです。20代や30代の人に終身年金を保証しようとすると、60年後や70年後までを見通さなければなりません。もしも過去60年間のトレンドで平均寿命が延びたとすると、2075年には平均寿命は男女とも100歳以上となっている計算になります。そんなにも超長期で終身年金を支払うリスクなど、民間の生命保険会社ではとても負いきれないのでしょう。

現在でも50歳以上の人であっても、長生きする自信のある健康な人ばかりが保険に加入する「逆選択」の可能性があることなどから、保険会社としては将来の平均寿命についてかなり長めに見積もらざるを得ず、終身で年金を保障する商品では掛金の額に比してあまり大きな年金額を保証できません。

もちろん個人年金保険やトンチン年金も老後の生活の支えとして活用することはできますが、公的年金に代わる機能までは持っていないといえるでしょう。

「払い損」になる人は必然的に生じる

国が年金を運営するからこそ、ほとんど全ての国民に比較的低コストで「終身保険」を提供し、「人生の大きなリスク」をカバーすることができます。ただし、リスクをカバーするための「保険」であるために、払った保険料よりもらえる年金額の方が少なくなる「払い損」となる人は必然的に生じます。

例えば、厚生年金に40年間加入して保険料を払ってきたＡさんが60歳になって定年退職したその日に亡くなり、かつ、Ａさんには遺族厚生年金を受給できる家族が誰もいなかったとします。

Ａさんは、年金は1円も受け取れないことになります。40年間も多額の保険料を払ってきたのに1円も受け取れないのは「保険料と年金額の差」でみれば大きなマイナスになりますし、セカンドライフを楽しむ時間がなかったという点ではかわいそうです。一方で、Ａさんは「人生においてお金に困る時期が一度もなかった」という見方もできます。大きな障害を負うこともなく、退職後すぐに亡くなったためにセカンドライフは楽しめませんでしたが、老後の生活費が必要な時期は全くなかったことになります。遺族厚生年金を受給できる家族がいないということは、配偶者や子どもなどがＡさんの収入に頼らずとも経済的に自立している（もしくは、そもそも配偶者や子どもなどがいない）ということを意味しています。

逆に、20歳で国民年金に加入して保険料を払い始めたＢさんが、1か月目の保険料を支払ったその月に事故や病気で重い障害を負ったとします。

Ｂさんは、わずか1か月分の保険料しか払っていないのに、20歳以後の生涯、ひょっとすると60年や80年もの間、障害基礎年金を受け取ることができます。Bさんは「保険料と年金額の差」でみると大きなプラスとなる計算になりますが、みなさんはBさんが幸せだと思うでしょうか。

ここまで極端な例は珍しいとしても、年金は「人生の大きなリスク」をカバーする保険ですので、幸運にもそのリスクが顕在化せずに済み、人生において「お金に困る時期」が短かった人の保険料は、「お金に困る時期」が長かった人の給付に回されることになります。

もし早く亡くなってしまい受け取れる老齢年金が少なくなった場合、「払い損」になるのは嫌だから、その分は（遺族年金の要件を満たさなくても）遺族に支払ってほしいと思う人もいるかもしれません。しかし、そのような要望に応えてしまうと、長生きした人に支払える年金額が大きく減ってしまい、「人生の大きなリスク」をカバーするという公的年金としての目的を果たせなくなってしまいます。

民間のトンチン年金では、年金を受け取る前や年金を受け取り始めてからすぐに亡くなってしまったとしても、支払った保険料の7～8割ほどが遺族に給付される商品が多いようです。短命に終わってしまった場合に保険料が丸損になるのは嫌だという消費者のニーズに応える形でそのような商品設計になっているものと思いますが、当然、その分、終身で保証される年金額は控えめな金額になります。

2

「賦課方式」という世代間の支え合いの仕組み

積立方式と賦課方式

さて、公的年金というものが存在することの意義が大きいことについては納得いただけたと思います。とはいっても、その財源のあり方についてはは異論があるかもしれません。日本に限らず、ほとんどの先進国には公的年金がありますが、その運営方法は大きく分けて「積立方式」と「賦課方式」の2つがあります。

積立方式は、ある世代が現役時代に保険料を積み立て（その資金を運用した上で）高齢になったときなどに給付を受ける仕組みで、世代ごとに収支が概ね完結しています。

これに対して、賦課方式は、その年に現役世代が支払った保険料をその年の高齢者等に給付する仕組みで、世代間でお金の受け渡しが行われるもので、現在の日本の公的年金は原則として賦課方式を採用しています。

賦課方式の公的年金では、保険料を支払う現役世代の人口と、年金を受け取る高齢者の人口の比率によって、財政のバランスは大きく動きます。日本においては、程度の差はあれ、少なくとも今後20年間は、保険料を払う現役世代が減り、年金を受け取る高齢者が増えていくことは自明です。もしも明日から出生率が急上昇したとしても、その子どもたちが大人になって年金保険料を払ってくれるのは20年後のことだからです。それならば、少子高齢化の時代の日本の年金は積立方式の方がいいのではないか、と思う方がいるかもしれません。

一見、積立方式の方がよいような気もするが

しかし、完全な積立方式で運用し、生まれた年代（例えば、１９８５年度生まれ世代）ごとに収支を完結することとした場合、その世代が保険料を払い始め全員が高齢になって死ぬまでに起こる予想外の経済変動や人口構成の変動リスクは、全て自分たちが引き受けなければなりません。

まず、せっかく自分たちの世代のために年金積立金を貯めても、インフレによってその価値が大きく目減りしてしまう可能性があります。

私たちが物心ついてからは長らくデフレが続いていましたが、私たちが生まれるちょっと前には、オイルショックにより1年で物価が10％や20％も上がったこともありました。私たちが老後を迎えるまでの長い時間のなかで、そのようなことが二度と起きないとは言い切れません。

積立金を株式などで運用すれば、インフレがあっても株価の上昇でカバーできる可能性もあ

りますが、それはそれで株価急落のリスクを負うことになります。もしも、積立を行ってきた世代が年金の給付を迎える直前にリーマン・ショックのような経済危機が起こって積立金が大きく目減りしてしまうと、年金額も大きく減らさなければならなくなる可能性があります。

これらのリスクは承知の上で、それでも少子高齢化による目減りよりはマシだから積立方式の年金を作った方がよいと思う人もいるかもしれません。しかし、現在の公的年金は原則として賦課方式で運営されているため、私たちは今の年金受給者の年金を支えるために「今の年金の保険料」の支払いをやめるわけにはいきません。

つまり、賦課方式から積立方式に移行するためには、「今の年金の保険料」と「将来の自分のための年金の保険料」の「二重の負担」をしなければならないのです。その「二重の負担」は実に７６０兆～８００兆円（２０１９年財政検証におけるケースⅠ～Ⅴの場合）の巨額に及び、とても払い切れるものではなさそうです。

こうして考えると、積立方式の公的年金にもリスクはあるし、そもそも賦課方式から積立方式に移行すること自体が困難だということが分かります。

賦課方式で給付水準を固定すると、現役時代の負担が際限なく増大する恐れ

これに対し賦課方式は、現役世代が毎年保険料を支払ってくれる保険料を給付に回せるた

め、高齢者に支払われる年金の財源がなくなってしまう心配はありません。物価が上昇したときには賃金も上昇することが一般的ですので、保険料を賃金の一定率などとしておけば、物価上昇時には保険料収入も増えます。このため、物価上昇に連動して年金額を増やすことも可能と考えられます。

ただし、完全な賦課方式の下で高齢者の年金の給付水準を固定した場合は、経済変動や人口構成の変動リスクは、全てそのときに保険料を払う現役世代が負うことになってしまいます。

現在の日本のように保険料を払う人が減って年金を受け取る人が増えていくなかで、もし高齢者の年金額を固定したとすると、現役世代が負担する保険料をどんどん引き上げていかないと、毎年の収支を均衡させることができません。

実際に、2004年に改正を行うまでの日本の公的年金は、先に高齢者への給付水準を固定した上で、そのために必要な保険料を定めていく方式でした。しかし、この方式だと、現役世代の負担が際限なく増大する恐れがあります。2004年に年金制度を改正する前の枠組みでは、2038年度まで保険料率を上げ続け、最終的には厚生年金の保険料率を25・9％（従業員負担分と会社負担分の合計）としなければならない見込みでした。ここまで保険料を上げられてしまうのも、受け入れがたいと思います。

実際には、日本を含め先進国の公的年金は、賦課方式を基本としつつも、バッファーとしていくらかの積立金を持っているものが多数派です。

3 少子高齢化でも年金制度が維持される仕組み

昭和の時代は年金制度拡充の歴史だった

高度経済成長を続け出生率も安定していた昭和の時代は、賃金がどんどん上がり将来の見通しも明るかったので、保険料率をそれほど上げずに給付水準を大きく引き上げる改正を繰り返すことができました。昭和の時代の日本の公的年金は制度拡充の歴史です。

最後に行われた大きな制度拡充は、私たちが生まれた頃の１９８５年（昭和60年）の法改正で創設された「第3号被保険者」でしょう。それまでは、会社員や公務員の被扶養配偶者は国民年金に任意加入して自ら保険料を払わないと自分の分の年金をもらうことができませんでした。しかし、改正により、国民年金の「第3号被保険者」となり、保険料を払わずに自分の基礎年金が受給できるようになったのです。第3号被保険者の基礎年金分の保険料相当額は、（扶養している）配偶者がいない人を含めた第2号被保険者全体で負担することとしました。

しかし、第3号被保険者でありさえすれば保険料を払わなくて済むことが女性の就労を妨げ、たとえ働いたとしても扶養でいられる範囲内にとどめようとするインセンティブが女性の収入の伸びを抑えるという、負の側面も持ってしまいました。

平成に入り、制度維持のために支給開始年齢を引き上げた

戦後長らく日本の出生率は2前後で安定していましたが、昭和の終盤から急低下をはじめ、平成2年（1990年）には出生率が戦後最低の1966年と並ぶ「1・57」にまで落ち込み、この頃から少子高齢化が強く意識されるようになりました。

実質GDPの成長率も、1980年代には好況不況の波がありながらも平均で年率4～5％ありました。しかし、平成2年度（1990年度）に約6％の成長を記録した後は、その後の平成の29年間で年度の実質成長率が4％以上となることはなく、マイナス成長となった年度も6回ありました。

こうした経済状況・人口構造であっても年金制度を維持していくため、平成は、給付の抑制と保険料率の引き上げに奮闘した時代でした。

このうち、まず実現できたのは、年金の支給開始年齢の引き上げによって、新たに年金を受給する人への給付を抑制することでした。

平成6年（1994年）と平成12年（2000年）の改正では、厚生年金の支給開始年齢を60歳から65歳に段階的に引き上げていくことを決定しました。

ただ、当時の企業は60歳定年で継続雇用制度などもありませんでした。60歳以後の雇用を確保しないまま支給開始年齢を引き上げてしまうと、無収入になり生活に困る高齢者が出てしま

います。一方、いきなり65歳まで全員を雇い続けることを企業に強制することにも無理があります。

そこで、支給開始年齢の引き上げと企業への継続雇用の要請を、時間をかけて段階的に行うこととしました。

まずは定額部分（基礎年金に相当する部分）の支給開始年齢を、男性は２００１年度から２０１３年度、女性は２００６年度から２０１８年度にかけて３年ごとに１歳ずつ、60歳から65歳まで引き上げました。その次に、報酬比例部分（現在の厚生年金部分）について男性は２０１３年度から、女性は２０１８年度から引き上げを開始しており、２０１９年度現在、男性は63歳、女性は61歳となっています。65歳までの引き上げが完了するのは、男性は２０２５年度、女性は２０３０年度になります。

その一方で、企業には、まず、定額部分の年金が支給されなくなる期間については、労使協定で定めた人事考課などの基準を満たした者を雇い続けることを義務化しました。次に、報酬比例部分の年金も含め、公的年金がまったく支給されなくなる期間については、人事考課などが基準に達していない人も含め希望者全員を雇い続けることを義務化しました。

こうして、60歳以後にまったく無収入となってしまう人が生じることを防ぎ、かつ企業の負担が急増しないよう配慮もしながら、時間をかけて段階的に年金支給開始年齢を引き上げているのです。

図表1-2　厚生年金の支給開始年齢の引き上げ（年度は男性のもの）

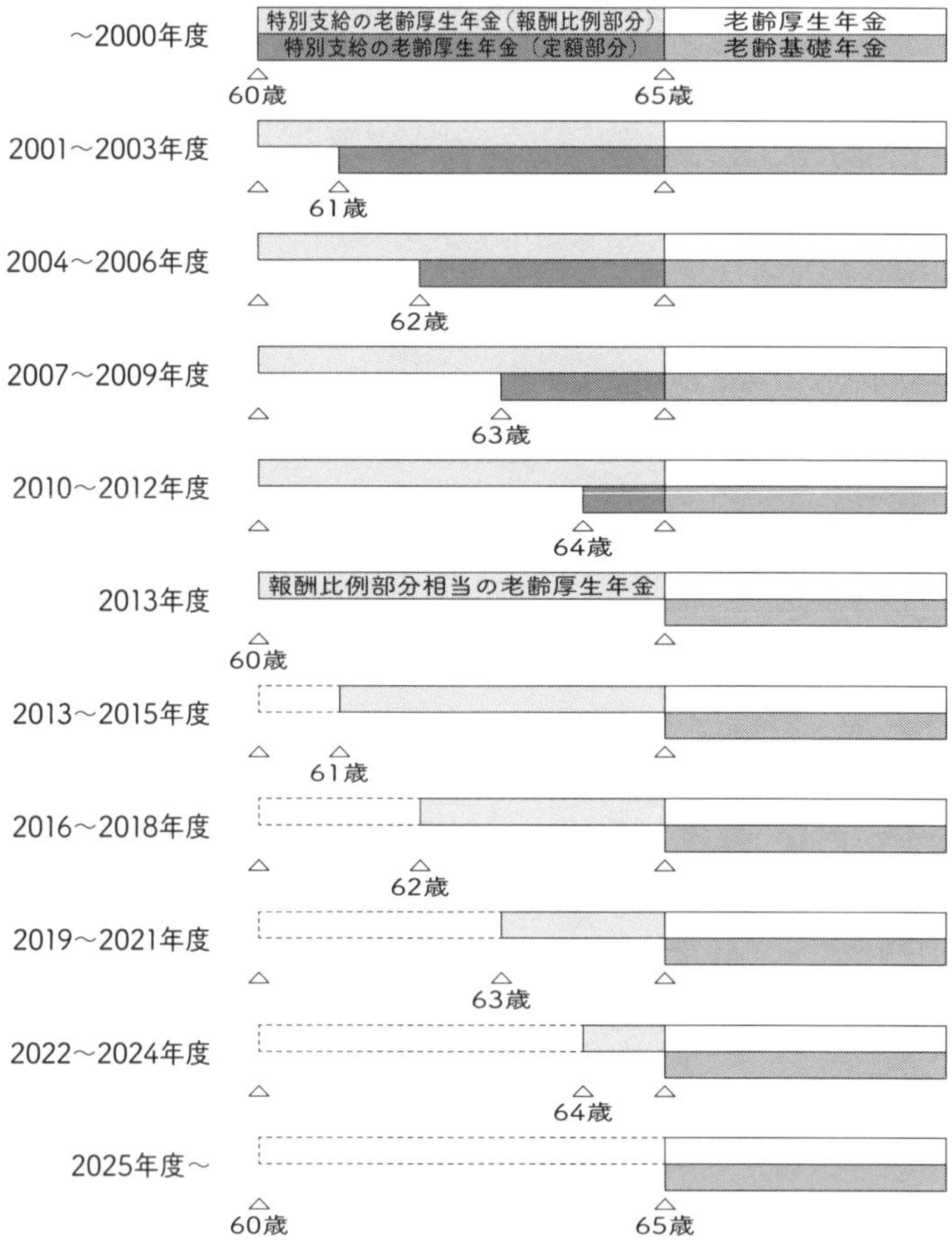

（注）女性は、55歳から60歳までの支給開始年齢の引き上げが1999年度に完了した直後であった経緯を踏まえ、男性より5年遅れで60歳から65歳への引き上げが実施された。

（出所）法令等をもとに大和総研作成

なお、自営業者等が加入する国民年金（第1号被保険者）の支給開始年齢は、１９６１年の制度創設当初から65歳で変わっていません。

うまくいかなかった年金額の引き下げと保険料率の引き上げ

将来の年金支給開始年齢の引き上げについては１９９４年と２０００年の改正で道筋をつけることができたものの、現在の生活に直結する現役世代の保険料率の引き上げはなかなか行えませんでした。高齢者に支給する年金額に至っては、引き下げるどころか、デフレの時代に実質的に引き上げられました。

一度年金の受給が開始された人の年金額は、毎年度、前年の物価変動率に合わせて改定が行われています（２０００年度までは、これに加えて5年ごとに現役世代の賃金変動率に合わせた改定も行われていました）。物価が上昇すれば、それにより影響を受ける生活費を補うために年金額がプラス改定される一方、物価が下落した場合は逆に生活費はより少なくて済みますので年金額がマイナス改定されます。いずれにしても、年金によってモノやサービスを買える量（購買力）は維持されるので、高齢者の生活は安定する仕組みです。

もっとも、１９７２年度に物価スライド制が導入されてから、毎年の物価上昇率はずっとプラスでした。しかし、１９９５年には物価上昇率がマイナス０・１％と、初めてマイナスに転じました。物価スライドのルールに基づけば、翌1996年度の年金支給額はマイナス0・1％の改定を行うことになります。しかし、政府はその変動率が小幅であることと当時の社会情勢を理由に物価に連動した年金の引き下げを行わず、特例を設けて年金額を据え置きました。

これが1回きり、0・1％だけの据え置きであれば、大きな問題にはならなかったのですが、物価上昇率は1997年と1998年のプラスを挟んだ後、1999年からはマイナスが連続するようになります。

1999年から2001年にかけて3年連続で計1・7％物価が下落した際に、政府は年金支給額を据え置きます。翌2002年も物価が0・9％下落しますが、さすがにこれ以上年金支給額を据え置くのは厳しいと、2003年度の年金改定では2002年の物価下落分0・9％を引き下げ、初めて年金のマイナス改定に踏み切りました。

それ以後、前年分の物価下落率に合わせた年金額のマイナス改定は行われるようになりました。過去に下げなかった累積分は、物価が上昇した際に据え置く（すなわち、実質マイナス改定する）ことで解消する計画でしたが、なかなか物価は上昇せず、2014年度までの実に15年間にわたって「特例」の年金が支給され続けました。

保険料率の引き上げについても、うまくいかないこともありました。厚生年金の保険料率は、戦後に厚生年金が再建されて以後、概ね5年ごとの法改正の度に約2％（企業負担分と従業員負担分の合計）ずつ引き上げられていたのですが、２０００年の法改正では、景気への影響を考慮して保険料率は据え置かれました。

今後の保険料と給付のルールを事前に決めた２００４年の大改正

２０００年までは、おおよそ5年ごとに法律を改正することで、保険料率や年金額の改定を行ってきたのですが、法改正の度に、政府や与党には、労働組合や消費者団体、経済界などから強いプレッシャーをかけられ、調整は困難を極めました。

そこで、今後の保険料率や年金額の改定方針をあらかじめ法律に定め、以降は法改正を経ずに自動的に保険料率や年金額が改定されるように変えていこうとしたのが、２００４年の年金の大改正でした。

まず、「給付水準を決めた上で、そのために必要な保険料を徴収する」というそれまでの発想を逆転させ、「財源を固定した上で、そのなかで給付できる水準に年金額を調整する」という方針に大きく転換させました。

これまでのやり方では、少子高齢化が進む度に保険料率を引き上げていかなければならず、際限なき保険料率の引き上げに現役世代が耐えられるかが不安視されていました。そこで、保険料率は現役世代が負担可能な水準として18・３％（企業負担分と従業員負担分の計、以下同

図表1-3　2004年の大改正のポイント

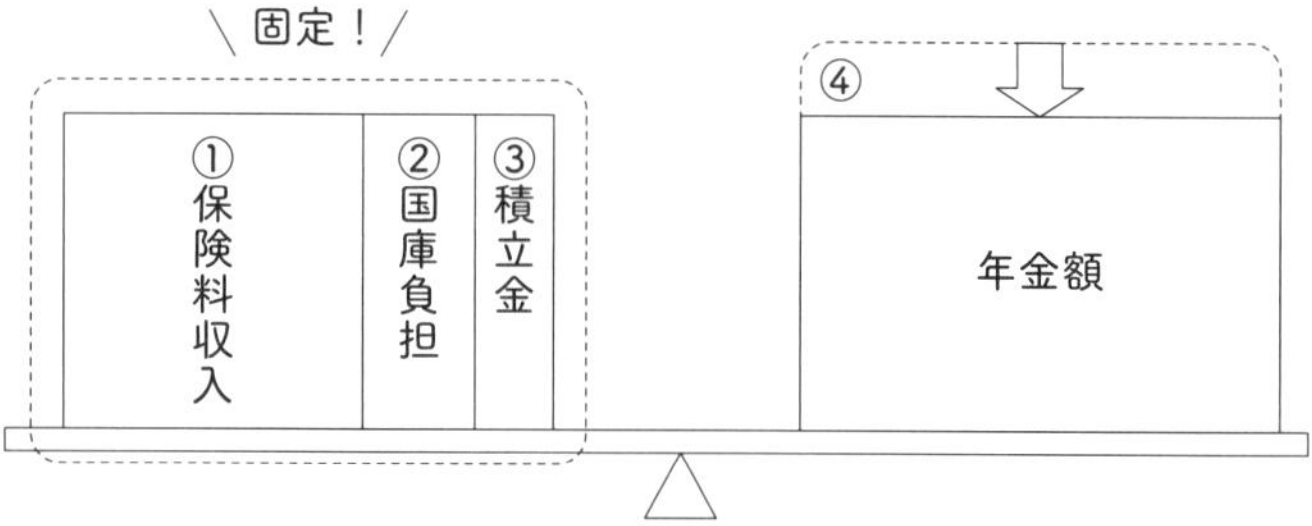

①保険料率は上限を決めた上で段階的に引き上げる
②基礎年金の給付費の国庫負担（税金による補填）の比率を引き上げる
③年金積立金を運用しながら計画的に取り崩す
④年金額を自動調整する「マクロ経済スライド」を導入する

（出所）法令等をもとに大和総研作成

じ）までの引き上げにとどめることとし、2003年度時点の13・581％から、2004年度以後、毎年0・354％ポイントずつ引き上げていくことを法律に定めました（図表1－3の①）。

加えて、保険料以外からも財源を確保する観点から、基礎年金の給付費に対する国庫負担（税金による補てん）の比率を、当時の3分の1から2分の1にまで引き上げること（図表1－3の②）と、年金積立金を運用しながら100年以上かけて計画的に取り崩すこと（図表1－3の③）も決められました。

これらの財源確保策は、概ね順調に進みました。保険料率の引き上げは事前に法律に定めていたこともあり、リーマン・ショック直後の2009年度や東日本大震災直後の2011年度にも凍結されることなく進捗し、2017年度に18・3%までの引き上げを完了しました。

国庫負担比率の引き上げについては、消費税率の引き上げを含む税制の抜本改革により財源を賄うとされ、当時の計画から5年遅れにはなりましたが、2014年4月に消費税率を5%から8%に引き上げることによって実現することができました。

給付を自動調整する「マクロ経済スライド」とは何か

2004年の大改正では、財源を固定したのですから給付はそれに見合うだけに調整（すなわち、実質的な引き下げ）をしなければなりません。その自動調整を行う手段として導入されたのが「マクロ経済スライド」でした（図表1－3の④）。

では、マクロ経済スライドとはいったいどのようなものでしょうか。実際の計算式はものすごく複雑ですが、公的年金が、原則としてその年に集めた保険料をその年の給付に充てる「賦課方式」であることをイメージすれば、基本的な仕組みは理解できると思います。

ここから少しの間、数式が多く出てきますが、加減乗除の組み合わせだけで、Σとかδとかは出てきません。ちょっとだけ難しいかもしれませんが、年金制度の理解のためには避けて通れない道なので、しばらくの間、お付き合いください。

まず、国全体で集まる保険料はいくらになるか。ざっくりと示すと、

数式1

$$\text{1人あたりの年金額} = \frac{\text{保険料総額}}{\text{年金を受給する人の数}}$$

$$= \text{現役世代の平均所得} \times \text{保険料率} \times \frac{\text{保険料を払う人の数}}{\text{年金を受給する人の数}}$$

保険料総額
＝保険料を払う人の数 × 現役世代の平均所得 × 保険料率

という計算式が成り立ちます。この保険料総額を、年金を受給する人たち全員で分け合いますので、年金受給者1人あたりの年金額は上の数式1のようになります。

この式を今後の変化率に直すと（難しい言葉でいうと、微分すると）、次の数式2の①のように表すことができます。

保険料率はもうこれ以上引き上げないと決めましたので、今後の年金額の変化率は、保険料の変化率が消え、数式2の②のようになります。

この式は、現役世代の平均所得が増加したならば、それに合わせて年金額を増加させることができますが、保険料を払う人が減ったり年金を受給する人の割合が増えたりしたら、それに合わせて年金額を減らさなければならない、という単純な事実を示すものです。

2004年の大改正までは、（新たに年金を受け取る人は）原則として現役世代の平均所得の変化率に合わせて年金受給額を改定し

数式２

1人あたりの年金額の変化率 ＝ 現役世代の平均所得の変化率 ＋ 保険料を払う人の変化率 − 年金を受給する人の変化率 ＋ 保険料率の変化率 （①）

↓（保険料率の変化率：固定されている）

＝ 現役世代の平均所得の変化率 ＋ 保険料を払う人の変化率 − 年金を受給する人の変化率 （②）

↓

＝ 現役世代の平均所得の変化率 − マクロ経済スライド率 （③）

ていました。２００４年度の大改正以後は、現役世代の平均所得の変化率から、「保険料を払う人が減ったり年金を受給する人の割合が増えたりした分」を差し引いて年金受給額を改定する仕組みに大きく改められました。

この、「保険料を払う人が減ったり年金を受給する人の割合が増えたりした分」を年金支給額から差し引く仕組みをマクロ経済スライドといいます。

したがって、年金額の変化率は次のように表せます。

年金額の変化率
＝現役世代の平均所得の変化率 − マクロ経済スライド率

マクロ経済スライドが発動される限り、どれだけ少子高齢化が進もうと、年金の給付額は保険料などの収入の範囲に収まり、年金制度が破綻することはないのです。

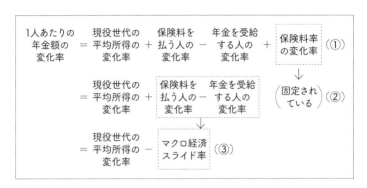

世界がうらやむマクロ経済スライド？

マクロ経済スライドの特筆すべきところは、年金額の調整が、これから年金を受け取る人だけでなく、既に年金を受け取り始めている人も含めて自動的に行われるところです。

アメリカやフランス、イギリスなどの諸外国の年金のほとんどでは、既に年金を受け取り始めている人に対する自動的な給付調整制度がありません。すると、既に年金を受け取り始めている人の年金を減らすことが政治的に困難ですので、少子高齢化などによる年金財政の悪化分の調整は、主にこれから年金をもらい始める人によって行われます。

しかし、日本の年金制度では、既に年金を受け取り始めている人も含め、今を生きる人たちみんなで「痛み分け」が行えるのです。慶應義塾大学の権丈善一教授は、マクロ経済スライドを「他国が真似しようにも、なかなかできないであろう」ものとして「他国がうらやむ制度」（権丈善一『年金、民主主義、経済学』慶應義塾大学出版会、２０１５年）と評しています。

ただし、マクロ経済スライドにも弱点はあります。それはデフレに弱く、物価と名目賃金がある程度上昇していないと機能しないことです。２００４年に導入されたマクロ経済スライドが最初に発動できたのは、11年後の２０１５年度のことでした。しかし、その後3年の休止を経て２０１９年度に再びマクロ経済スライドが実施され、２０２０年度も実施が確定しました。時間はかかりましたが、２００４年に導入した年金制度の自動調整装置がようやく機能するようになってきたのです。

今後も物価や名目賃金の上昇率が低水準にとどまれば、またマクロ経済スライドが十分に機能しなくなってしまう可能性もあるのですが、その点についても対策をたてることはできます（詳しくは第6章で説明します）。

積立金は私たちのために使われる

もっとも、年金制度が持続するとしても、保険料を払う人が減り年金を受給する人が増えていったら、1人あたりの支給額が際限なく減少してしまうことも考えられます。

現在は年金受給者1人あたりの保険料を払う人の割合は1・7人ほどですが、その割合は今後急速に低下し、私たちが年金を受給するようになる（1985年生まれの世代が65歳になる）2050年ごろには1・2人ほどにまで低下します。現在の高齢者は1・7人分の保険料に相当する年金を受給できますが、2050年ごろには1・2人分の保険料に相当する年金しか受給できないこととなります。つまり、賦課方式の下で賃金が一定だと仮定した単純計算では、1・2÷1・7≒0・7、すなわち私たちの年金受給額は現在の高齢者の7割ほどでしかないということになってしまいます。

そうならないように、日本の公的年金は毎年の保険料などによる収入を全て給付に使ってし

図表1-4　厚生年金の積立金の見通し

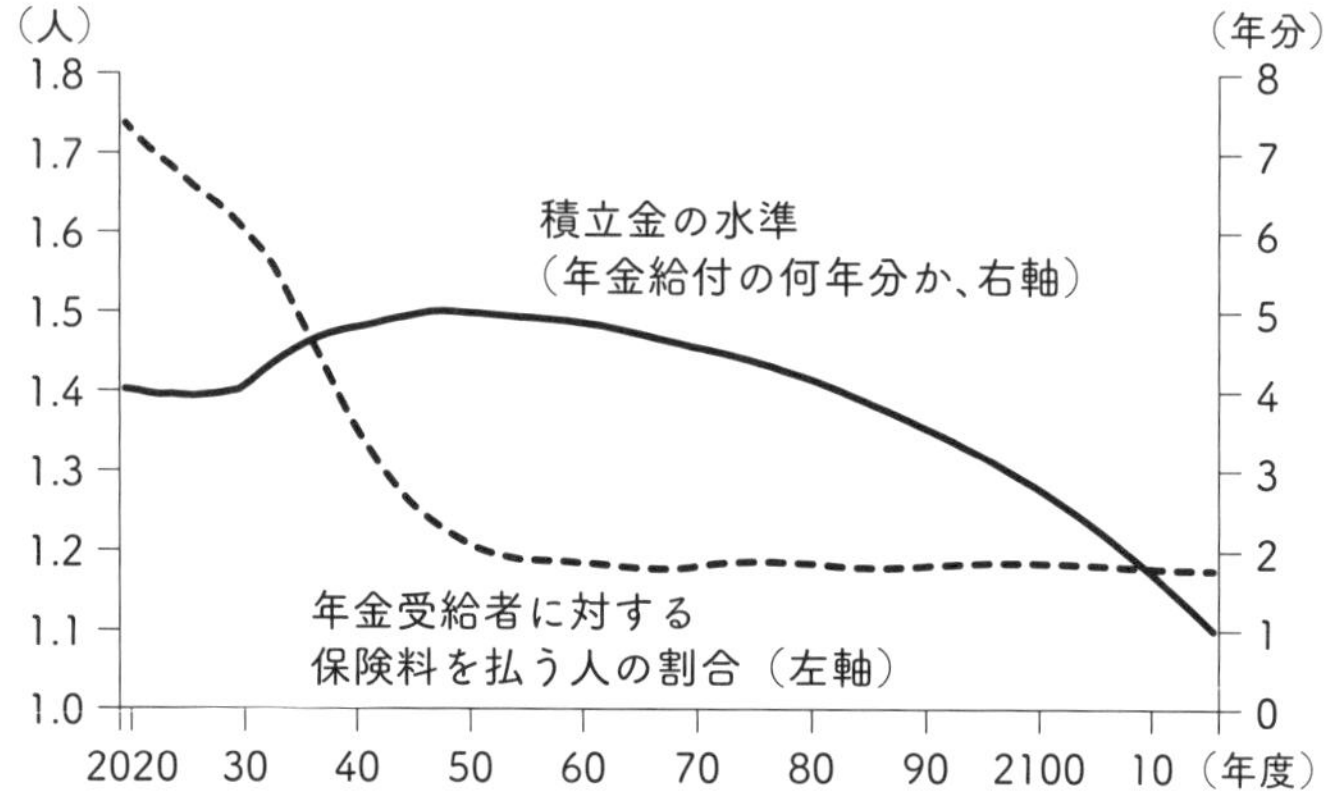

（注）経済前提はケースIII（72ページで後述）による。
（出所）2019年財政検証をもとに大和総研作成

まわずに、一部を積立金として残しています。その残高は201・9兆円と巨額で、年金給付額の4年分に相当します（厚生年金・2019年財政検証による2019年度末の見込み）。

　この積立金は、2004年の年金制度の改正により、100年以上先までを見通しながら、保険料を支払う人と給付を受ける人のバランスが最も厳しくなる時期から計画的に取り崩すこととしました。その「最も厳しくなる時期」というのは、まさしく、私たちが年金受給者になる頃のことです。

　経済が順調に推移する限り、なんと、私たちが65歳になる2050年頃まではほぼ手をつけずに（年金給付に対する積立金の割合がほぼ減らないように）運用しながら増やしていき、私たちが年金を受給する２０５０年頃から取り崩していく見通しです。このため、私たちがもらえる年金額は、保険料を払う人と受給する人のバランスほど厳しいものにはならない見込みとなっています。

こうして考えると、私たちが「年金がもらえない」などということは到底なさそうです。ではいったい、私たちが老後になったときにどれくらい年金をもらえる見込みなのか、次の第２章で説明します。

第2章

「自分の年金」の金額はどのようにして決まるのか

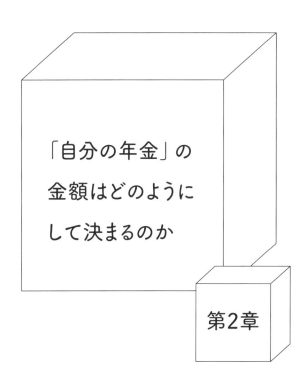

1 現在の年金額はだいたいいくらなのか

第1章では、公的年金は「人生の大きなリスク」を世代間で支え合う仕組みでできていること、少子高齢化が進んでも制度が破綻しないよう給付額を調整する仕組みが設けられていること、巨額の積立金は私たちが年金を受給する頃から取り崩しを始める予定であることなどを説明してきました。

第2章では、これらを踏まえて、「自分」が将来受け取れる年金額がどれくらいになるのかを解説していきます。

公的年金は2階建て

まずは年金額がどのようにして決まるか、基本的な仕組みを押さえておきましょう。

日本の公的年金は、国民年金と厚生年金の2階建てでできています。

1階部分は国民年金で、20歳以上60歳未満の全国民（正確に言うと、日本国内の全ての居住者）が加入します。国民年金の加入者は3つに分かれます。

会社員や公務員など厚生年金に加入する人は国民年金の第2号被保険者になります。

第2号被保険者に扶養されている配偶者（専業主婦や扶養の範囲内で働くパート主婦など）は、国民年金の第3号被保険者となります。

20歳以上60歳未満であり、第2号被保険者にも第3号被保険者にも該当しない人が国民年金の第1号被保険者となります。かつては第1号被保険者は自営業者が中心でしたが、現在では学生を含む無職の人が34％、パートやアルバイトで働く人も31％を占めています（厚生労働省「平成29年国民年金被保険者実態調査」による）。

1階部分の国民年金（給付を受けるときには基礎年金と呼ばれます）は、きちんと納付していれば年金受給額はみな同じとなり、２０１９年度現在、年額78万96円となっています。

第2号被保険者は、給与や賞与から天引きされる厚生年金保険料に国民年金の保険料が含まれているので、国民年金保険料が未納になることはありません。第3号被保険者についてはそもそも国民年金保険料を納める必要がないため、やはり未納となることはありません。第1号被保険者については、月々1万６４１０円（２０１９年度現在）の国民年金保険料を自分で納める必要がありますが、もしこれを納めずに未納としていたり、学生であったり低所得であったりするために保険料の免除を受けていたりすると、保険料を納めなかった分だけ、支給される年金額は減額されます。

2階部分の厚生年金は、厚生年金の加入者だけに支給される年金です。厚生年金の年金額は現役時代の所得に比例します。厚生年金の保険料は給与や賞与に対して18・３％の定率で徴収

図表2-1　2階建ての公的年金の仕組み

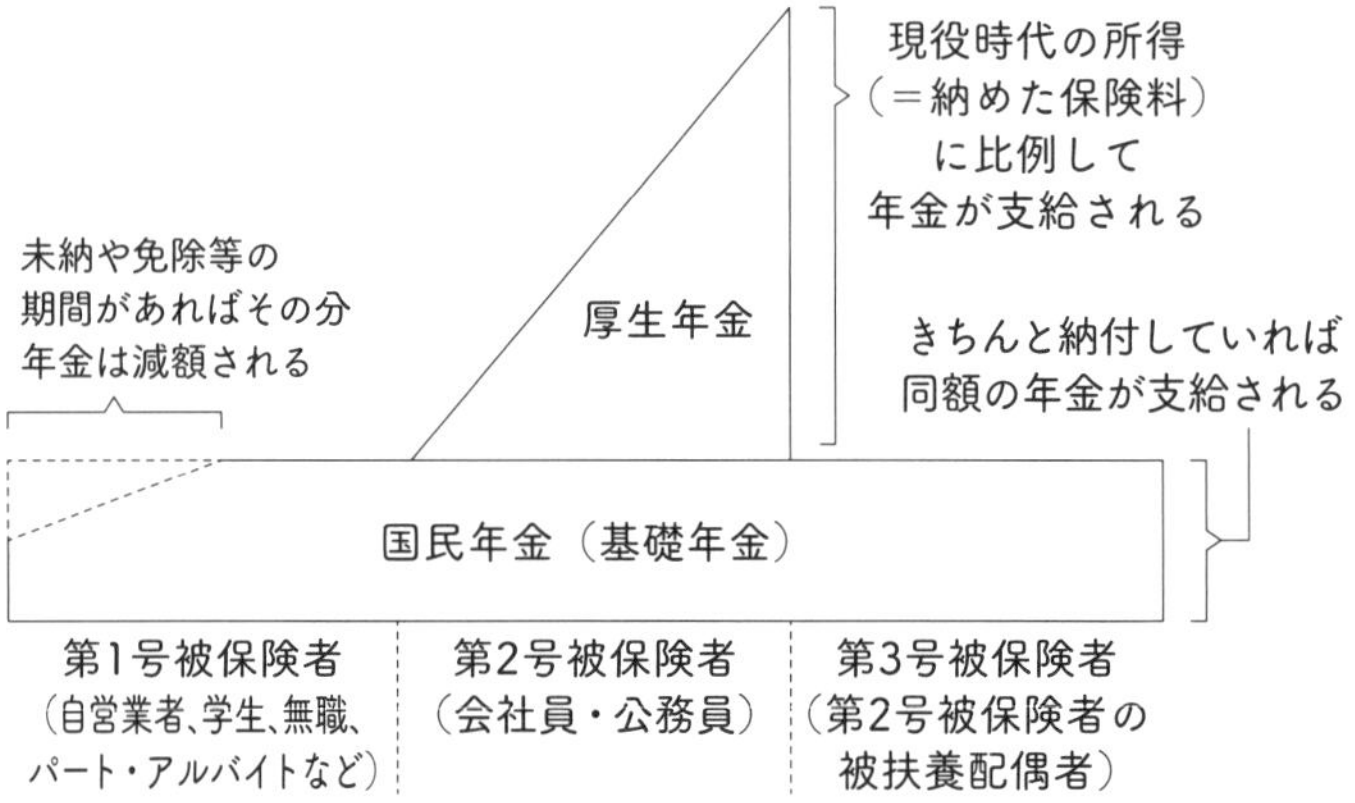

（出所）法令等をもとに大和総研作成

されますので、厚生年金は納めた保険料に比例して給付を受けられるといってもよいでしょう。

実際には、20歳から60歳になるまでの40年間に、国民年金の第1号・第2号・第3号の区分が何度か変わることが一般的ですが、年金の給付を受ける際には、それぞれの区分での保険料の納付実績が通算されます。例えば、20歳から30歳まで会社勤めをしていたときは第2号被保険者であり、30歳から60歳まで専業主婦だったときは第3号被保険者であった女性の場合、国民年金の保険料は40年間全て納めたことになりますので1階部分の基礎年金は満額が支給され、2階部分の厚生年金は20歳から30歳までに納めた10年分の保険料に見合った金額が支給されます。

図表2-2 年金支給額の計算式の概要
(2019年度に年金をもらい始めた人の場合)

年金額(年額) = 基礎年金 + 厚生年金

基礎年金 = 780,096円 × $\frac{\text{20歳以上60歳未満の年金納付期間}}{\text{40年}}$

厚生年金 = 現役時代の平均年収 × $\frac{\text{厚生年金加入期間}}{\text{40年}}$ × 21.38%(注)

(注) 21.38%の給付率は、モデル年金におけるもの。実際の年金支給額は厚生年金加入時の各年度の年収を1年度ごとに異なる給付率を乗じて得た金額を累計して算出するため、40年間の平均年収が同じであっても、年度ごとの収入の差によって年金額に差が生じうる。
(出所) 法令および厚生労働省「平成31年度の年金額改定についてお知らせします」等をもとに大和総研作成

現在の年金額を求める計算式

実際の年金額の計算は、すごくややこしいのですが、上の計算式(図表2−2)で大まかに求められます。

基礎年金は、40年間全て納付していれば年78万96円を受け取ることができますが、納付期間が40年に満たないと、納付期間に比例する形で年金額も減額になります。例えば、30年しか納付していなければ、

78万96円 × 30年 / 40年

で、58万5072円となります。

厚生年金は、40年間厚生年金に加入していると、現役時代の平均年収の21・38%を受け取ることができます。例えば、現役時代の平均年収が300万円であれば、

図表2-3　モデル年金額とは……

夫が40年間厚生年金に加入し平均的な年収（40年間の平均で年収513万6,000円）を得て、妻は40年間専業主婦であったとしたモデル世帯における年金額（年額）

基礎年金	＝ 780,096円 × $\frac{40年}{40年}$ × 2（夫婦2人分）	≒ 1,560,200円
厚生年金	＝ 5,136,000円 × $\frac{40年}{40年}$ × 21.38％	≒ 1,098,100円
	合計の年金額＝2,658,300円（1か月あたり：221,500円）	

（出所）法令等をもとに大和総研作成

300万円×21・38％＝64万1400円

現役時代の平均年収が倍の600万円であれば、

600万円×21・38％＝128万2800円

となります。

「モデル世帯」の年金は年266万円

政府が年金支給額の目安としているのが「モデル世帯」の年金額です。モデル世帯は、高齢者夫婦2人の世帯で、夫は会社員または公務員で40年間厚生年金に加入し、平均的な年収（40年間の平均で年収513万6000円）を得て、妻は40年間専業主婦として国民年金第3号被保険者となっていた世帯です。40年間も専業主婦でいる方は現在では珍しいのではないか、大卒で就職して60歳定年だとすれば厚生年金に加入するのは37年か38年なのではないか、というように、モデル世帯についてはいくつか疑問を持つかもしれませんが、いったんはそういうものだとして、年金額の計算にお付き合いください。

モデル世帯は、基礎年金は夫婦とも満額もらえ、年約１５６万２００円になります。これに加え、夫の厚生年金が年約１０９万８１００円になりますので、年金額は世帯合計で年間２６５万８３００円（１か月あたり22万１５００円）となります。実際には、高齢者が現役時代にたどった道は人それぞれで、勤務期間も年収も違えば年金額の差も大きく出てくるのですが、このくらいの年金額をいったんは「基準」としてイメージしてください。

2 働き方により年金額はどの程度変わるのか

夫の収入と年金額の関係

図表２－４は、夫が40年間厚生年金に加入し妻が40年間専業主婦であったというモデル世帯の条件は変えずに、夫の現役時代の平均年収を動かした場合の年金額の違いをみたものです。

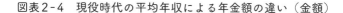

図表2-4　現役時代の平均年収による年金額の違い（金額）

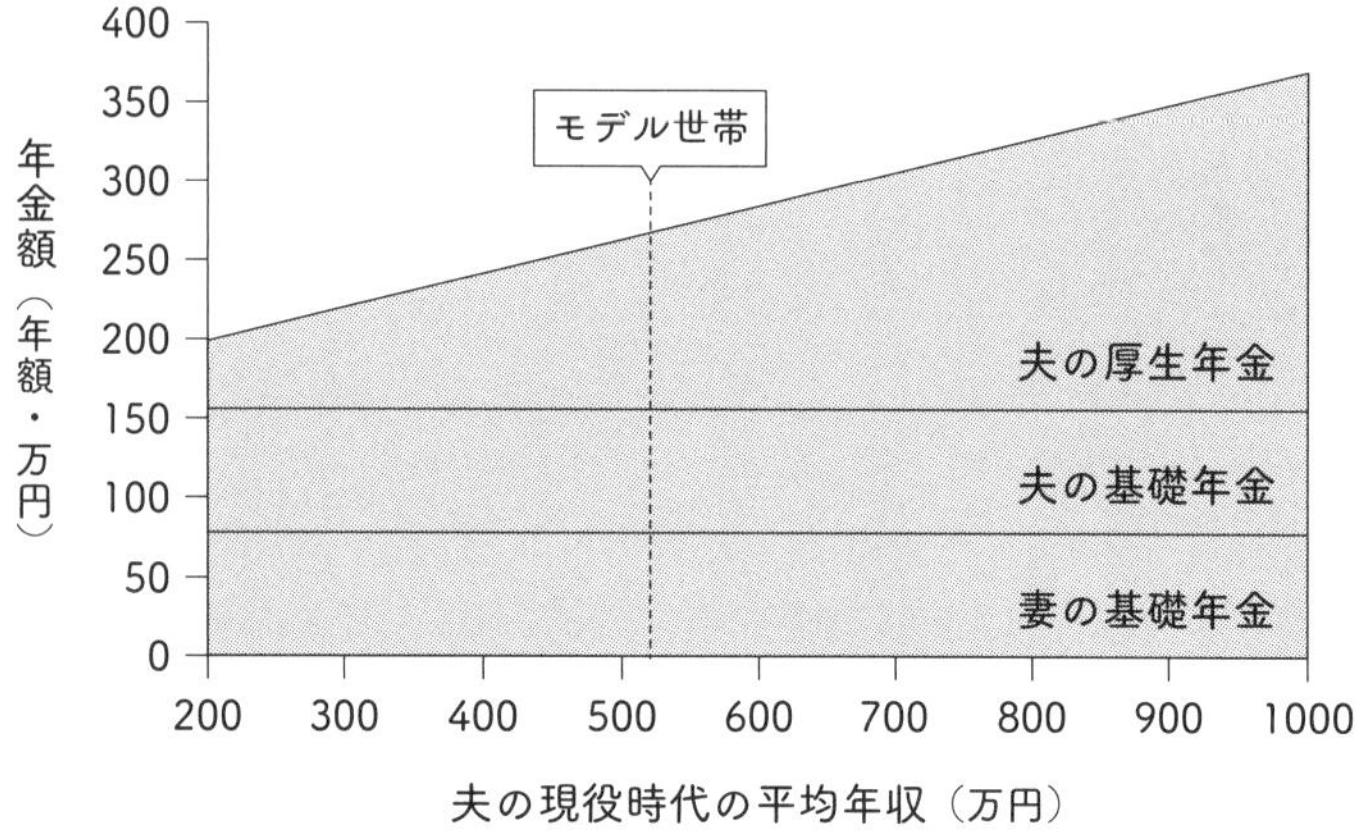

（注）夫の現役時代の平均年収以外は「モデル世帯」の条件と同じ。すなわち、夫が40年間厚生年金に加入し、妻は40年間第3号被保険者。2019年度現在の年金額。
（出所）法令等をもとに大和総研試算

例えば、夫の現役時代の平均年収が２００万円であった場合の年金額は年１９８万７８００円、平均年収が１０００万円の場合は、老後の年金額は３６９万８２００円と高額になりますが、平均年収２００万円の世帯と比べた比率でみると１・86倍にとどまります。

保険料は年収に比例して支払うため、平均年収１０００万円の世帯は平均年収２００万円の世帯の5倍の保険料を支払いますが、もらえる年金額について5倍になるのは厚生年金のみで、基礎年金は変わりません。このため、世帯合計の年金額でみると、平均年収２００万円と平均年収１０００万円の世帯の年金額の差は2倍弱にとどまるのです。

なお、個人の年収がおよそ1000万円を超えると、厚生年金の保険料は上限に達します。上限を超えた分の年収に対しては、保険料も徴収されなければ給付にも反映されません。

夫婦単位の「生涯賃金」でみるとまだまだ上がある

これまでずっと、夫だけが厚生年金に加入し妻は専業主婦の「片働きモデル」で年金額をみてきましたが、最近では夫婦共働きの世帯も増えています。また、私たちの世代では、子どもが産まれた後も産休・育休を経て正社員として働き続ける女性も増えています。

ここで、年金額の計算式を少し変形してみますと、図表2－5のようになり、厚生年金の金額（年額）は、厚生年金に加入して得た生涯賃金の0・5345％としても表せます。

つまり、世帯の年金額は世帯の生涯賃金によって変わってくるといえるわけです。

先ほど図表2－4でみた、夫の現役時代の平均年収と年金額の関係について、今度は生涯賃金と年金額の関係に直してみたグラフが次の図表2－6です。

モデル世帯は夫が40年間厚生年金に加入し、平均年収513・6万円でしたので、生涯賃金に換算すると、513・6万円×40年＝2億544万円で、年金額は年額265・8万円です。

夫だけが稼ぐ「夫の平均年収」で年金額をみた図表2－4ではモデル世帯がグラフの真ん中

図表2-5　年金支給額の計算式の概要Ⅱ
（2019年度に年金をもらい始めた人の場合）

$$\text{基礎年金} = 780{,}096\text{円} \times \frac{\text{20歳以上60歳未満の年金納付期間}}{\text{40年}}$$

$$\text{厚生年金（年額）} = \text{現役時代の平均年収} \times \frac{\text{厚生年金加入期間}}{\text{40年}} \times 21.38\%^{\text{（注）}}$$

$$= \text{現役時代の平均年収} \times \text{厚生年金加入期間} \times \frac{21.38\%}{\text{40年}}$$

$$= \text{（厚生年金に加入して得た生涯賃金）} \times 0.5345\%$$

従って、年金納付期間が40年とすると、夫婦の年金額は、

$$\text{年金額（年額）} = \text{基礎年金} \times 2 + \text{夫の厚生年金} + \text{妻の厚生年金}$$

$$= 780{,}096\text{円} \times 2 + \text{夫の生涯賃金} \times 0.5345\% + \text{妻の生涯賃金} \times 0.5345\%$$

$$= 1{,}560{,}192\text{円} + \text{世帯の生涯賃金} \times 0.5345\%$$

（注）21.38％の給付率については図表2-2を参照。
（出所）法令等をもとに大和総研作成

くらいに位置していましたが、夫婦共働きの可能性を含めた「世帯の生涯賃金」でみた図表2－6では、モデル世帯はグラフのうちだいぶ左側の年金額が少なめのゾーンに位置しており、モデル世帯よりももっと年金額が多い右側のゾーンが広くなっています。

　夫だけが稼ぐことを前提にすると、年金額は世帯として年額約370万円で打ち止めでしたが、世帯単位での上限は、夫婦とも平均年収約1000万円（以上）で40年間働いて生涯賃金約8億円（以上）を得るケースで、なんと年金額は世帯で年

図表2-6　世帯の生涯賃金による年金額の違い（金額）

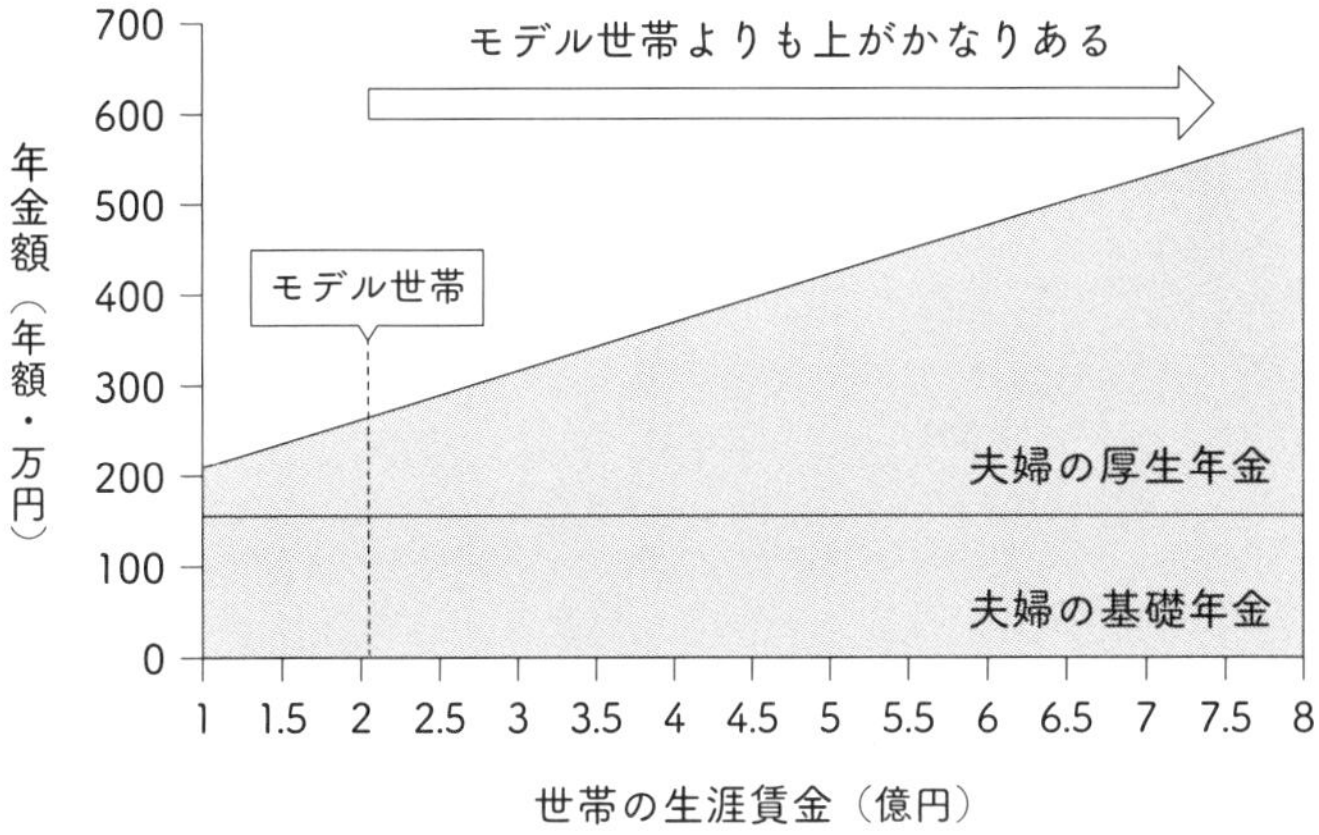

（注）夫婦いずれも年金納付期間が40年で、かつ各年の年収のうち1,000万円以下の部分のみを生涯賃金に算入した。2019年度の年金額。
（出所）法令等をもとに大和総研試算

額583万円にもなります。

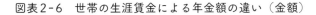

もっとも、2019年度に年金をもらい始めた65歳の女性は、1954年度に生まれ、男女雇用機会均等法（1986年施行）も育児休業制度（1992年施行）もなく女性差別は当たり前、結婚したら退職するのも当たり前の時代に社会に出ています。女性が雇用者として働き続けることそのものが非常に難しく、まして高収入を得続けられる女性など滅多にいない環境でした。このため、夫婦とも高収入を40年間得続け、年間600万円近い公的年金を受け取っている夫婦は、現実には数えるほどしかいないかもしれません。

しかし、時代は変わっています。2010～2014年に第1子を出産した正規雇用の女性の約7割は職場にとどまりました（内閣府「仕事と生活の調和（ワーク・ライフ・バランス）レポート2018」による）。正規雇用に限った話ではありますが、今や、出産を機に辞める女性の方が少数派になっているのです。

民間企業の女性管理職も増加しています。1989年の時点では課長級職員の98％を男性が占めており、女性はわずか2％でした。しかし、女性の割合は年々上昇し、直近の2018年時点では11・2％となりました（内閣府「男女共同参画白書 令和元年版」による）。男女均等の50％には遠いとはいえ、職場にとどまり昇進していく女性は確実に増えているのです。

私たちが年金を受け取る頃には、夫婦共働きを続け、夫婦で高収入を得る世帯も珍しくはなくなっていると思いませんか。

生涯賃金の差はどのくらいある？

さて、世帯の生涯賃金により年金額が変わってくることが分かったところで、その生涯賃金は人によりいったいどのくらいの差があるのでしょうか。

これから未来のそれぞれの人の年収がどのように変わるのかは正確には分かりませんが、かといって全く予測がつかないものでもありません。

あなたが今の会社に勤め続けていれば、あなたの5年後の年収は、あなたの会社に勤めている5年先輩の社員の現在の年収に近い金額であろうと見積もるのではないでしょうか。もちろん、会社の業績で賞与が変動する、昇進できるか否かで差がつく、会社の人事制度が変わる、あるいは転職する可能性があるなどの不確実要素もありますが、それらを含めて5年先輩の社員の年収からプラスマイナス何%といった範囲で見積もるのではないかと思います。

一般的に、「生涯賃金」を推計する際には、例えば、大卒で大企業勤務の男性などと属性を決めた上で、現時点で、各年齢の人が受け取っている平均年収を就職時から退職時まで積み上げて算出します。ここでは図表２－７で代表的なグループの生涯賃金推計を示します。自分がどのグループに近いかが分かれば、おおよその生涯賃金を見積もることができます。

①の高収入男性は、大卒男性が従業員１０００人以上の大企業の正社員として、22歳から60歳まで勤めた姿です。就職時３００万円台だった年収は、35歳時点で約2倍の７００万円前後に達しています。その後も今の上司たちと同等の年収を受け取ることができれば、50代には年収１０００万円を突破し、生涯賃金は3億８０００万円になります。

②の高収入女性は、①の女性版で、大卒女性が従業員１０００人以上の大企業の正社員として、22歳から60歳まで勤めた姿です。新卒時点では男性の年収とほぼ変わりませんが、徐々に男性と年収の差が開き、35歳時点では５５０万円前後です。現状、子育ては女性を中心に行われているため、女性は働き方に制約を受けやすい側面があり、男性より昇進がしにくくなっていています。将来的には男性との差が縮まっていくことも期待できますが、現時点で働き続けてい

図表2-7　生涯資金の目安

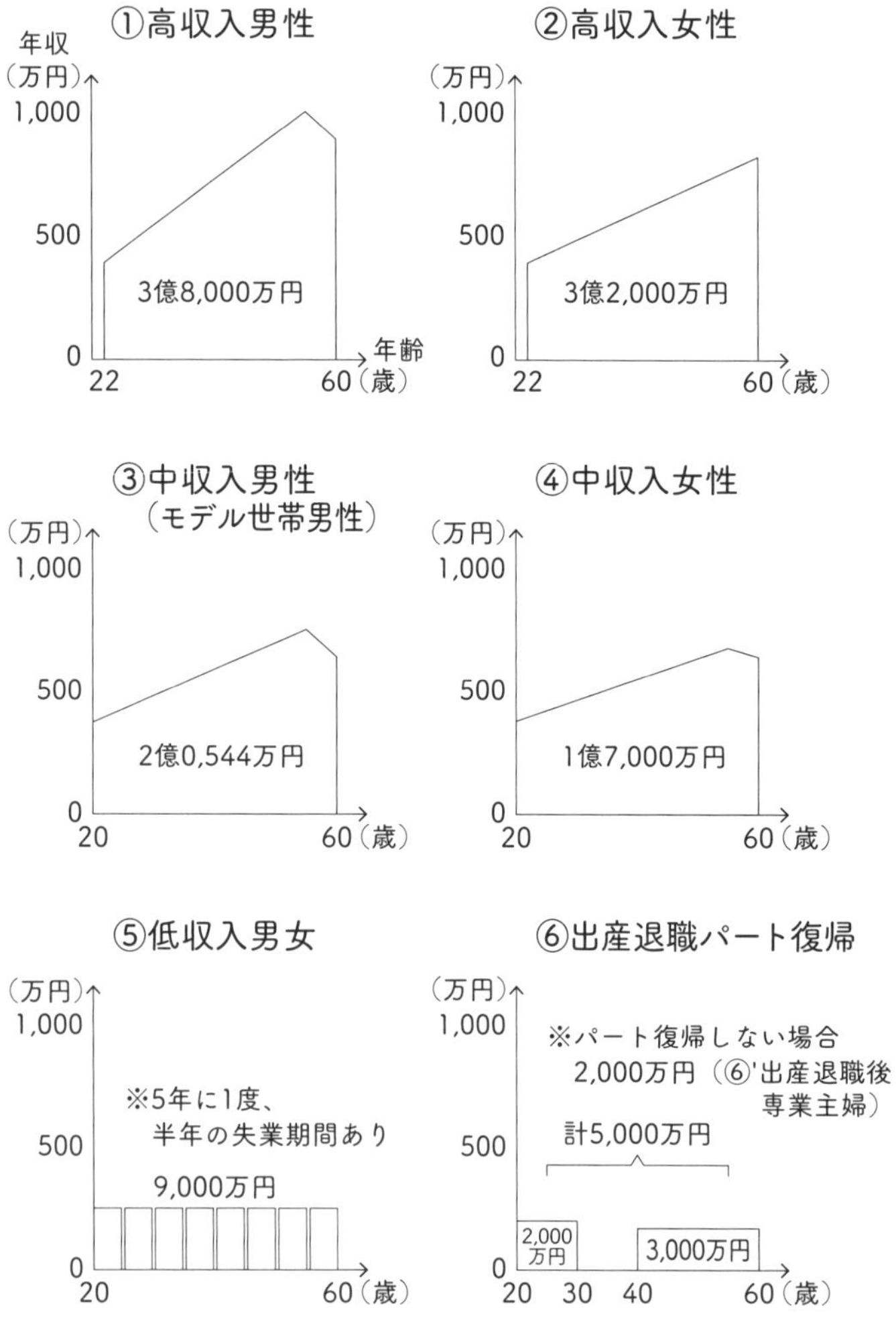

（出所）厚生労働省「賃金構造基本統計調査」（2018年）を参考に大和総研作成

る女性の上司たちと同じ年収をたどるとすると、50代の年収は８００万円ほど、生涯賃金は３億２０００万円となります。

なお、産休・育休中は年金保険料の支払いが免除されますが、その間は産休前までと同じ年収（正確に言うと、賞与は含まない月給分のみ）を得たものとみなして年金額が計算されます。ここで推計する生涯賃金は、将来の年金額を見積もるために使うものですので、産休・育休期間中も働いていたものとみなして生涯賃金を算出しています。

③の中収入男性は、専門学校卒または短大卒の男性が、従業員10～99人の中堅企業の正社員として、20歳から60歳まで働いた姿です。就職時３００万円ほどだった年収は緩やかに上昇し、35歳時点では４００万円台になっています。その後も、今の上司たちと同等の年収を受け取ることができれば、40代後半から年収は６００万円台となり、生涯賃金は２億円ほどになります。

この中収入男性の生涯賃金は、モデル年金の前提としている、平均的な収入で40年間働く「モデル世帯の男性」の生涯賃金、２億５４４万円とほぼ一致します。このため、本書では「中収入男性」イコール「モデル世帯男性」として、今後説明していきます。

④の中収入女性は、③の女性版で、専門学校卒または短大卒の女性が、従業員10～99人の中堅企業の正社員として、20歳から60歳まで働いた姿です。

就職時の年収は①～③のグループとあまり変わらない３００万円前後ですが、年収の伸びはより緩やかで、35歳時点の年収は400万円前後です。現状と同じペースだと50代には年収は500万円前後になり、生涯賃金は1億7000万円になります。

現状は40〜50代の女性ではパートなど非正規社員が多いため、50代で500万円前後の年収がある女性は女性就業者の平均と比べると「高収入」と呼んでもよいかもしれません。しかし、現在正社員として働いている女性に限って平均年収を集計するとこのくらいです。私たちの世代では、女性が結婚や出産を経てもキャリアを途切れさせることなく働き続けることが一般的になりつつあります。私は、いずれ、女性がこの程度の収入を稼ぐことが当たり前になっていくものと考え、「中収入女性」の生涯賃金をこの程度と想定しました。

⑤の低収入男女は、フルタイムの非正規社員の職を転々とする姿で、男女の区別はつけませんでした。職に就いている間は年収250万円ほどを得ますが、雇用が安定しておらず、ときどき職にあぶれることもあります。非正規社員では年齢による収入の差がほとんどありませんので、⑤のパターンでは20歳から60歳まで、職に就いている間は年収250万円を得て、5年に1度、半年ほど（40年間のうち10％）失業期間があるものとし、生涯賃金を9000万円と算出しました。

政府は同一労働同一賃金を掲げて法改正を行い、正社員と非正規社員の間の不合理な待遇差の解消を図っており、正社員／非正規社員という地位だけの違いで賃金差が生じることはいずれなくなるでしょう。ただし、たとえ「非正規社員」という呼び名がなくなったとしても、仕事内容や能力に応じた賃金差は生じます。

⑤の低収入男女の生涯賃金は9000万円ほどですが、それでも夫婦2人分で考えれば合計で1億8000万円ほどになり、③の中収入男性（2億544万円）と比べ大差ない水準に達します。世帯の生涯賃金がほぼ同じであれば、受け取れる年金額もほぼ同じです。すなわち、たとえ現在の非正規社員並みの低収入で不安定な雇用であったとしても、夫婦ともフルタイムで働き年金保険料を納め続ければ、モデル世帯並みの年金を受け取れることになります。

⑥の出産退職パート復帰は、今の40～50代の女性において一般的だったライフコースです。専門学校卒または短大卒の女性が20歳から30歳まで働き、結婚や出産を機に退職します。子どもがある程度大きくなった後、40歳から60歳までの20年間をパートで働く姿です。20歳から30歳までが年収200万円×10年間で2000万円、40歳から60歳までが年収150万円×20年間で3000万円とし、合わせて生涯賃金を5000万円としました。

厚生年金に加入するためには、大企業の場合を除き週30時間以上働く必要があり（詳細は168ページ）、時給1000円で週30時間働くものとしてパートの年収を150万円と設定しました。

⑥の変形として、**⑥′出産退職後専業主婦**のグループも設定しました。こちらの生涯賃金は20歳から30歳までの3000万円です。なお、パートなどで働いていても厚生年金に加入していない場合は、その分の生涯賃金は将来の年金額には反映されません。出産後は扶養の範囲内で

働くことを想定する場合は、年金額を推計する上での生涯賃金は⑥'を使うとよいでしょう。

働き方グループ別の年金額

グループ別の生涯賃金をもとに2019年度現在の年金額を算出したものが図表2－8です。年金の未納はない前提としましたので、どのパターンでも基礎年金の額は1人78万円で変わりません。厚生年金額は生涯賃金に比例しています。

図表をみて分かるのは、女性の年金額が少なくないことです。ここでの生涯年収は現状の男女の賃金差があることを前提としましたが、それでも女性が38年や40年働いて得る生涯賃金は億の桁に達し、それに比例した厚生年金の額も相当な水準になります。また、③の中収入男性の生涯年収よりも②の高収入女性の方が生涯年収も年金額も多くなっています。

モデル世帯の女性は20歳から60歳までずっと専業主婦で生涯賃金が0円、厚生年金も0円です。しかし、たとえ収入が低く期間が短かったとしても働いた実績があれば、その分は年金額に反映されます。

⑥'出産退職後専業主婦のグループでも20歳から30歳まで女性が10年間働いた実績は年額11万円の厚生年金として反映され、⑥出産退職パート復帰のグループでは、さらに40歳から60歳までパートで（厚生年金に加入して）働いた実績を合わせて、厚生年金は年額27万円になりま

図表２-８　グループ別の2019年度の年金額の試算

グループ		生涯賃金（万円）	年金額（年額・万円）		
			基礎年金	厚生年金	合計
①	高収入男性	38,000	78	203	281
②	高収入女性	32,000	78	171	249
③	中収入男性（モデル世帯男性）	20,544	78	110	188
④	中収入女性	17,000	78	91	169
⑤	低収入男女	9,000	78	48	126
⑥	出産退職パート復帰	5,000	78	27	105
⑥′	出産退職後専業主婦	2,000	78	11	89
（モデル世帯女性）		0	78	0	78

（注）年金額の計算式は図表2-2に基づく。未納はないものとした。
（出所）大和総研試算

す。

なお、⑤の低収入男女の年金額は厚生年金と合わせても年額126万円となっており、この年金額で老後に独り暮らしをするにはかなり厳しい水準になっています。しかも、この試算では、全ての勤務期間において厚生年金に加入することを前提としていますが、現状では非正規社員は必ずしも厚生年金に加入できない状況にあり、もっと少ない年金額になる可能性もあります。（特に独り暮らしの）非正規社員の年金の問題については第６章で解説します。

図表2-9　夫婦世帯の2019年度の年金額の試算

（年額・万円）

妻＼夫	①高収入男性	③中収入男性（モデル世帯男性）	⑤低収入男女
② 高収入女性	530	437	375
④ 中収入女性	450	357	295
⑤ 低収入男女	407	314	252
⑥ 出産退職パート復帰	386	293	231
⑥′出産退職後専業主婦	370	277	215
（モデル世帯女性）	359	266	204

（注）網掛けは「モデル世帯」より年金額が多い世帯。
　　　年金額の計算式は図表2-5に基づく。
（出所）大和総研試算

中収入同士の夫婦でも年金は年357万円に

夫婦の働き方の組み合わせで世帯の年金額を示したものが図表2－9です。

網掛けをしたものがモデル世帯よりも年金額が多くなる世帯です。モデル世帯の女性は年金が基礎年金のみであるのに対し、女性の②・④・⑤・⑥・⑥′のグループはいずれも勤務歴があり、金額の差はあれ厚生年金も支給されるため、モデル世帯より年金額が多くなるケースが大半です。

高収入同士の夫婦（①と②の組み合わせ）では、世帯の年金額は年額530万円、中収入同士（③と④の組み合わせ）でも夫婦で働き続ければ年額357万円と、モデル世帯より随分高い水準の年金額になります。

男女とも低収入の夫婦（⑤と⑤の組み合わせ）でも、世帯の年金額は２５２万円と、モデル世帯の２６６万円と大きく変わらない水準となっています。低収入であっても厚生年金に加入して夫婦ともフルタイムで働き続ければ、まずまずの年金額になるのです。

このように、「共働き」が年金額を格段に高めることがよく分かるでしょう。

3 将来の経済状況により どのくらい年金額は変わるのか

これまで２０１９年度現在の年金額が決まる仕組みについて説明してきました。ただし、現時点ではこの水準の年金額が支給されることとなっていても、将来は減るのではないかと思っている人も多いのではないかと思います。

第１章でも紹介した通り、公的年金には少子高齢化に合わせて年金額を自動的に調整（すなわち減額）していくマクロ経済スライドの仕組みがありますし、将来の年金は今より約２割減ると報道されることも多くあります。

ここからは、私たちが年金をもらうようになる２０５０年頃の年金額がどのようになっていくか、一緒に考えていきます。

もっとも、賃金や年金が増えてもそれ以上に物価が上がってしまったら意味がないと思う方もいるかもしれません。本書ではこれ以後、将来の年収や年金額について書くときは、**常に2019年度の物価に換算した実質額で表示していきます**。将来時点の話であっても、現在の金銭感覚のまま年収や年金額をイメージできますので、理解しやすいと思います。

毎年の年金額はどのようにして改定されるのか

年金額は、原則として現役世代の賃金上昇率をベースに改定が行われます。第1章（43ページ）で、年金額の変化率が次の算式で表せることを示しました。

年金額の変化率 ＝ 現役世代の平均所得の変化率 − マクロ経済スライド率

この式は、公的年金は原則としてその年の保険料をその年の給付に充てる賦課方式ですので、現役世代の平均所得が増加したならば、それに合わせて年金額を増加させることができますが、保険料を払う人が減ったり年金を受給する人の割合が増えたりしたら、それに合わせて年金額は減らさなければならない、ということを表しています。

したがって、将来の年金額がどうなるかは、今後の賃金や就業率がどのように変化するか次

図表2-10　マクロ経済スライドによる調整の具体的な仕組み

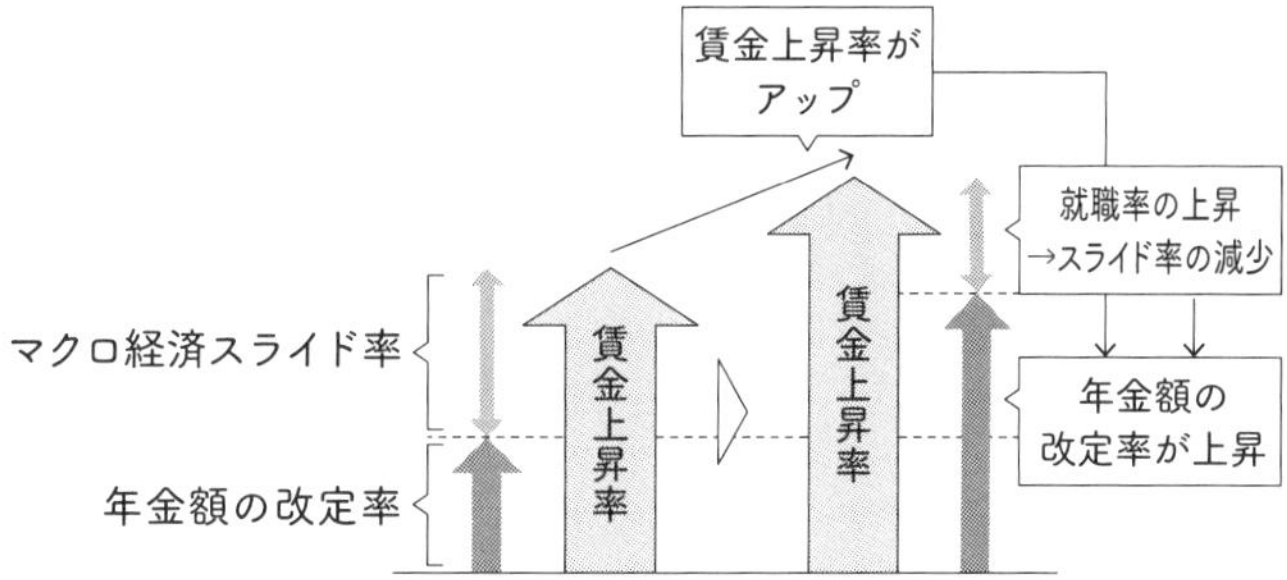

（出所）厚生労働省資料をもとに大和総研作成

第ということです。

２０１９年財政検証が示した6通りの未来の姿

将来の賃金や就業率がどう変わっていくかは誰にも分からないものですが、それでは将来の年金の不安は解消されません。そこで、厚生労働省は5年ごとに、現時点で想定されるいくつかのケースの経済前提について年金の算式に代入し、１００年先までの年金の姿を描いています。

この作業を「財政検証」といい、直近の財政検証は２０１９年8月に公表されました（以下、２０１９年財政検証）。

２０１９年財政検証が想定した経済の姿は、次の6つのケースでした（図表２－11）。

ケースⅠ～Ⅲは「経済成長と労働参加が進むケース」で、高齢化が進み労働力人口が減少していくなか

図表2-11　2019年財政検証における経済前提

	ケースの説明	長期の実質賃金上昇率（年率）	労働力人口（2040年度）	長期の実質経済成長率（年率）
ケースⅠ	経済成長と労働参加が進むケース	1.6%	6,195万人	0.9%
ケースⅡ		1.4%		0.6%
ケースⅢ		1.1%		0.4%
ケースⅣ	経済成長と労働参加が一定程度進むケース	1.0%	5,846万人	0.2%
ケースⅤ		0.8%		0.0%
ケースⅥ	経済成長と労働参加が進まないケース	0.4%	5,460万人	−0.5%

（出所）厚生労働省「社会保障審議会年金部会年金財政における経済前提に関する専門委員会　報告書」（2019年3月13日）等をもとに大和総研作成

でも、実質賃金が年率1・1〜1・6%のペースで上昇を続け、日本の実質GDPも年率0・4〜0・9%のペースで拡大を続ける姿です。

実質GDPの成長率で年率0・4〜0・9%というと控え目な印象もありますが、2017年現在6720万人いる労働力人口は、年齢ごとの就業率が現状のままだとすると、2040年には5460万人へと、19%も減少してしまいます。頭数の減少を押し返して経済成長を達成するためには、高齢者や女性の就業率が上昇し、かつ、1人あたりの実質賃金も着実に上昇していかなければならず、そう簡単ではないものと思います。

ケースⅠ〜Ⅲは、このような日本の

姿を目指していきたいという政府の「目標シナリオ」と捉えてもいいかもしれません。

ケースⅣとⅤは「経済成長と労働参加が一定程度進むケース」で、こちらは日本の実質GDPは現状維持か微増という姿です。日本が国として現在の経済規模を維持していくためには、現状ベースより労働力人口を400万人程度増やし（2040年時点）、かつ毎年0・8〜1・0％程度の実質賃金上昇を確保する必要があるものといえます。ケースⅣとケースⅤは「国力維持シナリオ」といってもよいでしょう。

ケースⅥは、「経済成長と労働参加が進まないケース」で、日本の実質GDPは年率0・5％の割合で減少し、国が衰退を続ける姿です。高齢化が進むなかで、就業率が現在の水準のまま上がらないため、労働力人口は加速度的に減少していきます。ケースⅥは「衰退シナリオ」とも呼べるでしょう。なお、ケースⅥにおいても年率0・4％の実質賃金の上昇が想定されています。

将来になればなるほどモデル年金額は大きく変わりうる

本章の2でみた通り、実際の年金額は生涯賃金によっても大きく変動するのですが、まずは基準となるモデル世帯の将来の年金額が経済状況によってどう変わるのかをみていきましょう。

図表2-12　経済前提別の「モデル世帯」の年金額の推移

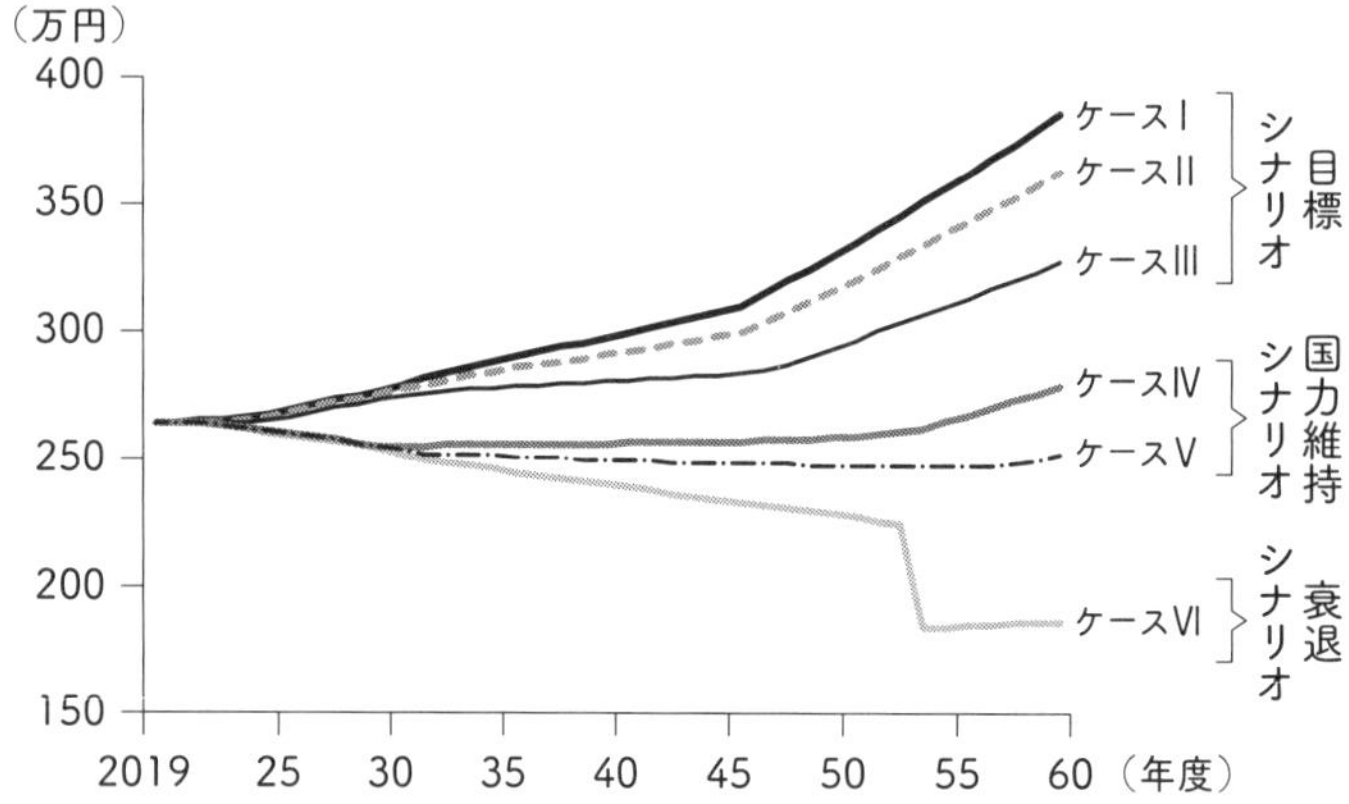

（注）その年に年金をもらい始める世帯の年金額を2019年度の物価に換算した実質額。
（出所）2019年財政検証をもとに大和総研作成

図表2－12は、これらの6つの経済状況それぞれの下で、その年に65歳になり年金をもらい始める世代のモデル世帯の年金額がどのように変わっていくのかを示したものです。

2050年度くらいまでについてみると、ケースⅠからⅢについては将来になればなるほどもらえる年金額が増えていっていることが分かります。これに対して、ケースⅣからⅥは将来になればなるほどもらえる年金額が減っており、将来になればなるほどその差が開いていっていることが分かると思います。

私たち、現在35歳の世代が年金を受け取る65歳になるのは30年後の2050年度のことで、それまでにはまだまだ長い時間が残されています。1年あたりでみれば実質賃金上昇率やＧＤＰ成長率で１％にも満たない差であっても、その差が10年、20年、30年と積み重なると大きな経済状況の違いになり、その結果が年金の給付額の差にも表れてくるのです。

なお、ケースⅥについては、２０５２年度に年金額が急落していますが、この点については77ページで詳しく説明します。

「目標シナリオ」実現なら、老後は今よりももっと豊かに

私たちが65歳になる２０５０年度時点について、モデル世帯の男性の平均年収とモデル世帯の年金額がどうなっているのかを示したものが、次の図表２－13です。

目標シナリオのケースⅠ～Ⅲでは２０５０年度時点の現役男性の平均年収は現在より４～５割ほども上昇し、７００万円台になっています。現在の大企業の男性正社員の平均年収が７００万円台ですので、30年後には日本全体の平均で、現在の大企業正社員並みの収入を得ている……というのが目標シナリオの示す姿です。

目標シナリオの下のモデル世帯の年金額は、現在と比べて12～26％ほど増加します。これらは全て２０１９年度時点の物価に換算した実質額ですので、今年年金をもらい始めた人たちよりも私たちの方が、より豊かな年金生活を送ることができることを意味しています。

図表2-13　経済状況別の2050年度の姿

		現役男性の平均年収		モデル世帯の年金額	
		金額（万円）	2019年度比の増減率	金額（万円）	2019年度比の増減率
目標シナリオ	ケースⅠ	793	54.4%	336	26.4%
	ケースⅡ	764	48.7%	320	20.5%
	ケースⅢ	718	39.8%	298	12.0%
国力維持シナリオ	ケースⅣ	674	31.2%	260	−2.0%
	ケースⅤ	647	26.0%	248	−6.5%
衰退シナリオ	ケースⅥ	596	16.0%	（注2）227	（注2）−14.7%
2019年度現在		514		266	

（注1）平均年収、年金額ともに2019年度の物価に換算した実質額。所得代替率が50%を割ってもマクロ経済スライドを継続するものとした。
（注2）2052年度に基礎年金の積立金が枯渇し、その時点で完全賦課方式とした場合、モデル世帯の年金額は184万円（2019年度比－30.9%）となる見込み。
（出所）2019年財政検証をもとに大和総研作成

２０５０年度の現役世代の平均年収は今よりも４〜５割も増加しているので、彼らが支払う１人あたりの保険料も現在より４〜５割アップしています。２０１９年度から２０５０年度にかけて、「年金受給者に対する保険料を払う人の割合」は３割ほど減少します（46ページ参照）が、その減少率よりも平均年収の増加率の方が大きいため、将来の年金額は増えるのです。こんなバラ色の未来をぜひとも実現したいものです。

「国力維持シナリオ」では、積立金を活用し年金額は微減

国力維持シナリオのケースⅣ・Ⅴでは、２０５０年度の現役男性の平均年収は２０１９年度現在より3割ほど上昇し、６００万円台後半になっています。

このシナリオの下では、平均年収の上昇が「年金受給者1人あたりの保険料を払う人の割合」の減少にわずかに追いつかず、年金額は微減となります。

国力維持シナリオでは、将来の平均年収の伸びが緩やかな分、積立金に頼る割合が比較的大きくなり、私たちの年金額の2割ほどが積立金の運用益と取り崩しにより支えられる見込みです。

国力維持シナリオの２０５０年度時点のモデル世帯の年金額は、２～６・５％減少し、２４８万～２６０万円となっています。

もし「衰退シナリオ」で積立金が枯渇したら年金額は大幅減

衰退シナリオのケースⅥにおいても、２０５０年度の現役男性の平均年収は２０１９年度現在より16％増の６００万円弱にまで上昇しています。

しかし、これは「年金受給者1人あたりの保険料を払う人の割合」の減少を補いきれず、年金額は現在より大きく減ることになります。当面は積立金の運用益の取り崩しを増やして年金

額を支えることになりますが、それでも平均年収の伸び悩みを埋め合わせるには足りません。

衰退シナリオの2050年度のモデル世帯の年金額は、今より14・7%減少し、227万円となっています。

さらに恐ろしいことに、衰退シナリオの下では、私たちが年金をもらい始める2年後の2052年度に国民年金の積立金が枯渇する見込みとなっています。

その後、保険料率の引き上げ等を行わず、単純にその年の保険料（と国庫負担分）をその年の給付に回す完全賦課方式で公的年金を運営した場合、2053年度以後の年金支給額は2050年度よりさらに2割ほど減少し、184万円となる見込みです。

それでも年184万円（月15・3万円）というのは、住宅ローンを返し切って家賃負担がなければなんとか夫婦で最低限の暮らしはできそうな金額で、「年金が破綻する」とか「年金がもらえない」ということにはなりません。

積立金の枯渇までは想定しなくてよい

もっとも、積立金が枯渇した時点で年金の給付額を一度に2割も削減したら、経済や社会は大混乱に陥るでしょう。しかも、それが現実になるまでには、たとえ経済成長が衰退シナリオをたどったとしても30年以上の時間があります。それまでに、今から取れる対策もいくらでもあり、実際に政府も制度改正に向け動き出しています。

このため、私は、衰退シナリオの積立金枯渇前くらいの年金額を「私たちにとっての最悪のシナリオ」と想定し、現時点では積立金枯渇後までの年金額の減少を想定する必要はないと考えています。

もしも、経済成長が低水準にとどまり、かつ、十分な対策が取られることがなく、積立金が枯渇に向かうようなことがあれば、私たちは私たちの年金を守るために政府や与党の政策や予算案にNOを突き付けるべきでしょう。具体的には本書の最後、第6章で詳しく解説しますが、私は、現時点ではまだその段階ではないと思っています。

コラム

実質賃金は本当に上がるのか？

私たちが物心ついたころから日本はデフレに突入し、長らく賃金が上がらない時代が続きました。このため、衰退シナリオにおいても、年率0・4％程度のペースで実質賃金が上昇していくことを想定していることに疑問を持った方もいると思います。

実は、日本で生み出されたモノやサービスの価値の合計である実質GDPを、日本で働く人の総労働時間で割った、「労働時間あたりの実質GDP」は、1996年度から2015年度までの20年間で年率0・7％の割合で増加し続けています。しかし、「労働時間あたりの実質賃金」は年率0・2%の割合で減少してしまいました。

賃金は、労働によって生み出したモノやサービスの対価として受け取るものですので、長期的には、労働時間あたりの実質賃金の伸び率は労働時間あたりの実質GDPの伸び率に連動するはずです。

厚生労働省（年金財政における経済前提に関する専門委員会）は、この20年間において両者に年率0・9%もの差が開いてしまった主な要因は、非正規雇用者の割合が高まったことなどにより労働分配率（GDPのうち賃金として支払われる割合）が低下したことと、企業負担分の社会保険料率が上昇した分が賃金の抑制要因となっていたことなどであると分析しています。

これらの要因は、今後30年や100年の超長期にわたって継続するとは考えにくいものです。

図表2-14は総務省「労働力調査」による非正規雇用者比率の推移です。1995年時点で20・8%だった非正規雇用者比率は20年間で16・8ポイント上昇し、2015年には37・6%となりました。もし、このトレンドで1年あたり0・84ポイントのペースで上昇を続けると、2050年には67%、2070年には83・8%の労働者が非正規雇用で働くことになりますが、果たしてそんなことが起こるのでしょうか。

実際には、足元では非正規雇用者比率はほぼ横ばいで推移しており、2018年現在37・9%にとどまっています。

図表2-14　非正規雇用者比率の推移

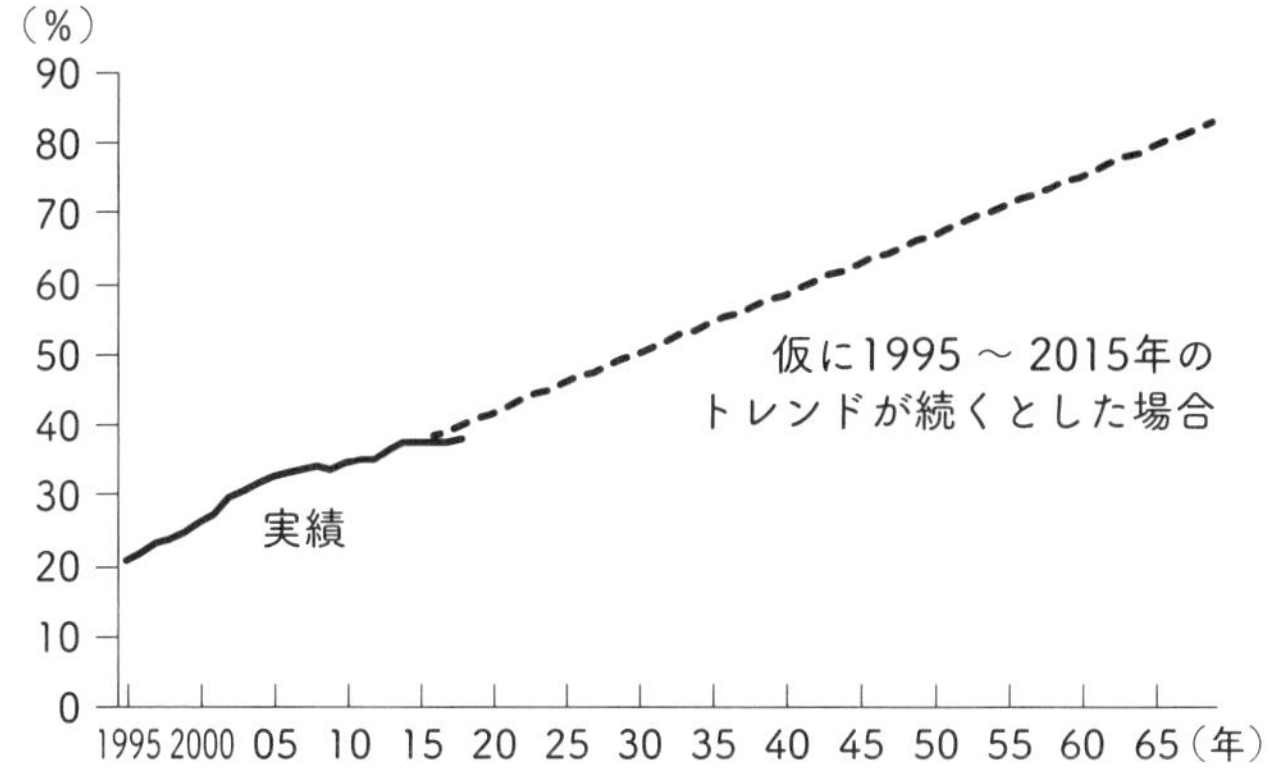

（出所）総務省「労働力調査」をもとに大和総研作成

また、社会保険料率の引き上げの主要因は、２００４年から14年間にわたって行われた厚生年金保険料率の引き上げでしたが、これは２０１７年に終了しました。今後も高齢化の進展に伴って健康保険料率や介護保険料率については引き上げられる余地がありますが、厚生年金保険料率の引き上げが終了した分、社会保険料率の引き上げペースはこれまでよりは緩やかになるでしょう。

非正規雇用比率や社会保険料率の上昇ペースが今後緩やかになるとすると、これから先は（労働時間あたりの）実質賃金の伸びは実質ＧＤＰの伸び率に近づいていく可能性が高そうです。そう考えたとき、年率０・４％の実質賃金上昇率というのは、この20年間における労働時間あたりの実質

GDP成長率（年率0・7％）と比べて、かなり控え目な水準といえます。

私は、私たちが年金を受け取るようになる2050年度までの超長期の平均でみれば、少なくとも年率0・4％程度は実質賃金が上昇するのではないかと考えています。

4 2050年度の「自分の年金額」はいくらになるのか

2050年度時点の年金額を求める計算式

これまで、生涯賃金の変化による年金額の変動と、将来の日本経済全体の変化に基づくモデル世帯の年金額の変動についてみてきました。

それでは、いよいよこの両方の変化を合わせた「自分の将来の年金額」がどう変わるかについてみていきます。

2019年度時点では、基礎年金の満額は78万96円、厚生年金は生涯賃金の0・5345％で計算されていましたが、将来はこの基礎年金の満額と厚生年金の生涯賃金に対する掛け目

（給付率）が変化していきます。

現在の35歳が年金の給付開始年齢の65歳となる２０５０年度時点では、経済状況により、将来の年金額の計算式は図表2－15のように変化する見込みです。

２０１９年度現在の金額と比較すると、基礎年金満額が増加するのは、目標シナリオのうちケースⅠとⅡだけで、他のケースでは基礎年金満額は減少します。厚生年金の給付率は目標シナリオと国力維持シナリオでは上昇し、低下するのは衰退シナリオだけです。

厚生年金の方が基礎年金（国民年金）よりも給付が下がりにくいのは、厚生年金の方が基礎年金（国民年金）よりも財政見通しが明るいためです。少子高齢化のために将来の収支が均衡せずマクロ経済スライドで給付を調整（減額）しなくてはならないのは、主に基礎年金の方で、厚生年金については、衰退シナリオを除けば遅くとも２０３２年度にはマクロ経済スライドを終了できる見通しとなっています。マクロ経済スライドの終了後は、厚生年金の給付率を上昇させられるようになるため、２０５０年度時点の厚生年金の給付率は、衰退シナリオを除くと現状より高くなる見込みになっています。

なお、衰退シナリオにおいては、マクロ経済スライドを続けてもなお基礎年金（国民年金）の将来の収支を均衡させられる見通しが立たないため、厚生年金も道連れでマクロ経済スライドによる給付の減額を続けていきます。このため、衰退シナリオでは２０５０年度時点の厚生年金の給付率が現状より低下しているのです。

図表2-15　将来の年金支給額の計算式の概要

年金額（年額）＝ 基礎年金 ＋ 厚生年金

基礎年金 ＝ 将来時点の基礎年金満額（下表の①） × $\frac{\text{20歳以上60歳未満の年金納付期間}}{\text{40年}}$

厚生年金 ＝ 生涯賃金 × 将来時点の厚生年金給付率（下表の②）

2050年度時点の基礎年金満額と厚生年金給付率の見込み

		①基礎年金満額（年額・万円）	②厚生年金給付率
目標シナリオ	ケースⅠ	86.4	0.69%
	ケースⅡ	82.8	0.66%
	ケースⅢ	76.8	0.63%
国力維持シナリオ	ケースⅣ	66.6	0.57%
	ケースⅤ	64.8	0.54%
衰退シナリオ	ケースⅥ	67.2	0.43%
（参考）2019年度現在		78.0	0.53%

（注1）網掛けは、2019年度よりも金額が増加または給付率が上昇することを示す。
（注2）年金額および生涯賃金は、いずれも2019年度の物価に換算した実質額。所得代替率が50%を割ってもマクロ経済スライドを継続するものとした。衰退シナリオにおいては積立金枯渇前の金額である。
（注3）厚生年金給付率試算の前提は図表2-2と同じ。
（出所）2019年財政検証をもとに大和総研試算

基礎年金満額については、ケースⅠから番号が大きくなるほど（経済見通しが悪くなるほど）減っていくのですが、衰退シナリオでは国力維持シナリオ（ケースⅣ・ケースⅤ）より若干多くなっています。

これは、ケースⅥではマクロ経済スライドを行おうとしても（実質）賃金上昇率が低いために十分には機能せず、基礎年金の支給額が高止まりするためです。年金額が減らないのだからいいじゃないかと思うかもしれませんが、その分、積立金をハイペースで取り崩してしまい、2052年度には国民年金の積立金が枯渇してしまう見込みです。

先に述べた通り、積立金の枯渇とその後の年金給付額の急減は政策次第で防ぐことができますので、私たちとしては、衰退シナリオにおける積立金枯渇前の年金額を最低ラインとみておくとよいと思います。

「目標シナリオ」なら現在より年金が増える

67ページで示したグループ別の生涯賃金をもとに、1985年度生まれ世代の2050年度の年金額の見込みを示したものが図表2-16です。

目標シナリオ（以下、本章これ以後においてケースⅢによるもの）においては、生涯賃金がゼロの「モデル世帯女性」を除いた全てのグループで、2019年度現在よりも年金額が増加

図表2-16　グループ別の1985年度生まれ世代の2050年度の年金額の試算

グループ		年金額（万円）			
		（参考）2019年度現在	目標シナリオ	国力維持シナリオ	衰退シナリオ
①	高収入男性	281	345	286	239
②	高収入女性	249	303	251	212
③	中収入男性（モデル世帯男性）	188	222	185	160
④	中収入女性	169	197	164	144
⑤	低収入男女	126	140	117	108
⑥	出産退職パート復帰	105	112	94	90
⑥'	出産退職後専業主婦	89	91	76	76
（モデル世帯女性）		78	77	65	67

（注1）網掛けは2019年度現在より年金額が多いことを意味する。
（注2）年金額の計算式は図表2-15に基づく。年金額は2019年度の物価換算値。2019年度現在の年金額は図表2-8に基づく。未納はないものとした。目標シナリオはケースIII、国力維持シナリオはケースV、衰退シナリオは積立金枯渇前の金額。
（出所）大和総研試算

します。

目標シナリオでは基礎年金の給付額がわずかに減少しますが、実質賃金上昇による生涯賃金の増加と給付率の上昇の両面によって厚生年金の給付額が大きく増加するため、⑥出産退職後専業主婦であっても、厚生年金の増加分が基礎年金の減少分を補えるのです。

「国力維持シナリオ」は年金額の格差が拡大する

国力維持シナリオ（以下、本章これ以後においてケースⅤによるもの）の下で２０１９年度現在よりも年金額が増加するのは、①高収入男性と②高収入女性だけです。国力維持シナリオでは、厚生年金の給付率の上昇分はわずかですので、基礎年金の減少分を厚生年金の増加分が上回るのは生涯賃金がかなり高い人に限られるのです。

ただし年金額が減るといっても、③の中収入男性や④の中収入女性では、年３万〜５万円、率にして２〜３％程度の減少にとどまります。

一方で、生涯賃金が少なく厚生年金の金額が少ないと年金額の減少率はよりきつくなり、⑤の低収入男女では２０１９年度比６％減（９万円減）、生涯賃金ゼロのモデル世帯女性では17％減（13万円減）となります。

国力維持シナリオの下では、生涯賃金が多い人は現状より年金額が増加するものの、生涯賃金が少ない人は年金額が減少する、年金の格差が開いていくシナリオといえます。

「衰退シナリオ」では独り暮らしの低所得者の貧困が深刻に

衰退シナリオ（以下、本章これ以後において積立金の枯渇前の金額）では、どのグループも2019年度現在より年金額は減少し、その減少率は約15%でほぼ同じです。

83ページで説明した通り、衰退シナリオでは厚生年金も基礎年金と道連れでマクロ経済スライドを続け、厚生年金と基礎年金の給付額がほぼ同率で引き下げられるため、2019年度比の年金額の減少率は生涯賃金による差がつかないのです。

これだけの率で年金額が減少すると、生涯賃金の低い人の年金額はかなりの低水準になり、老後に1人分の年金で独り暮らしをすることは困難になっていきます。

例えば、④の中収入女性の年金額は年144万円と、1か月あたり12万円となります。⑤の低収入男女ではさらに少なく、年108万円と、1か月あたり9万円しかありません。

そもそも独り暮らしでは1人あたりの生活費は高くなりやすいため、夫婦2人分の年金で2人暮らしをすることよりも、1人分の年金で独り暮らしをする方が生活は厳しいものになりがちです。このため、将来の経済状況の悪化に伴い年金額が減額されると、特に所得（生涯賃金）が低い単身者の老後の暮らしを直撃することになります。

かといって、低所得の単身者の老後の暮らしをすべからく生活保護で守ることができるかというと、このシナリオでは経済規模が縮小しているため国の財政は今よりももっと厳しい状況になっているはずで、それも難しいのではないでしょうか。

政府には、まずは何としてでも「衰退シナリオ」が現実とならないように経済成長率を高める成長戦略が求められます。一方で、個人としては、そのような経済状況に陥ったとしても生活していけるように、老後にともに暮らす仲間をつくる努力をした方がよいように思います。

このあたりのことについては第4章で詳しく解説します。

5 2050年度の「自分の世帯の年金額」はいくらになるのか

「目標シナリオ」なら妻が専業主婦でも大丈夫?

これまで個人単位の2050年度の年金額についてみてきましたが、次は、その組み合わせとなる夫婦世帯の年金額についてみていきます。

図表2-17　夫婦世帯の2050年度の年金額の試算
（目標シナリオ〈ケースⅢ〉）

（年額・万円）

妻＼夫	①高収入男性	③中収入男性（モデル世帯男性）	⑤低収入男女
② 高収入女性	648	525	443
④ 中収入女性	542	419	337
⑤ 低収入男女	486	362	281
⑥ 出産退職パート復帰	457	334	252
⑥′出産退職後専業主婦	436	313	231
（モデル世帯女性）	422	299	217

（注）年金額は2019年度現在の物価に換算した実質額で、計算式は図表2-15に基づく。網掛けは2019年度現在の「モデル世帯」の年金額（266万円）よりも年金額が多い世帯。
（出所）大和総研試算

図表2－17は目標シナリオが実現した場合の年金額です。この場合、夫婦とも現在の正社員並みの収入で共働きを続けた世帯の年金額は結構な額になります。③中収入男性と④中収入女性の夫婦でも年419万円、①高収入男性と②高収入女性の夫婦なら年648万円にもなります。

このシナリオが実現するのであれば、夫が男性平均の生涯賃金（③中収入男性に相当）を得られるのであれば、妻が生涯専業主婦（モデル世帯女性に相当）であっても、2019年度現在のモデル年金額（年266万円）を上回る年金を受け取れる計算になります。

また、⑤低収入男女同士の夫婦であっても年金額は281万円となり、こちらも2019年度現在のモデル年金額（年

図表2-18 夫婦世帯の2050年度の年金額の試算
（国力維持シナリオ〈ケースV〉）

（年額・万円）

妻＼夫	①高収入男性	③中収入男性（モデル世帯男性）	⑤低収入男女
② 高収入女性	538	436	369
④ 中収入女性	450	348	281
⑤ 低収入男女	404	302	234
⑥ 出産退職パート復帰	380	278	211
⑥’出産退職後専業主婦	363	261	194
（モデル世帯女性）	351	249	182

（注）年金額は2019年度現在の物価に換算した実質額で、計算式は図表2-15に基づく。網掛けは2019年度現在の「モデル世帯」の年金額（266万円）よりも年金額が多い世帯。
（出所）大和総研試算

２６６万円）を上回ります。

２０５０年までにはさすがに正社員と非正規社員の賃金格差は解消しているのではないかと思いますが、仮に現在の非正規社員並みの（日本全体でみて相対的に）低賃金で不安定な職であったとしても、夫婦ともフルタイムで共働きを続ければ、今の高齢者よりも豊かな老後を送ることができるというのが、目標シナリオが実現した場合の年金の姿です。

「国力維持シナリオ」でも公的年金で夫婦の最低限の生活は守られる

図表２－18は国力維持シナリオの年金額です。このシナリオでも２０１９年度現在のモデル年金額を上回るパターンが多くあ

ります。

夫婦のうちいずれかが高収入であれば（①高収入男性または②高収入女性のいずれか）、他方の収入に関係なく2019年度現在のモデル年金額を上回ります。また、夫婦のうち一方が現在の正社員並みの収入を得るならば（③中収入男性または④中収入女性のいずれか）、他方が何らかの形で働き続けることで（女性は⑥出産退職パート復帰以上、男性は⑤低収入男女以上の収入があれば）2019年度現在のモデル年金額以上を確保できます。

夫が⑤低収入男女、妻がずっと専業主婦（モデル世帯女性）というパターンであっても、年182万円は支給される見込みです。国力維持シナリオの下では、低所得の世帯でも、きちんと厚生年金に加入して保険料を納め夫婦で暮らせば、最低限の老後の生活は守られるといえるでしょう。

「衰退シナリオ」でも夫婦共働きなら現在以上の年金額を確保

衰退シナリオの下での夫婦の年金額の見込みは図表2-19に示す通りです。88ページで前述の通り、どのパターンでも2019年度比で約15%、年金額が減少します。

③の中収入男性とモデル世帯女性からなる「モデル世帯」の年金額は年228万円となる見込みです。これでも生活を切り詰めればなんとか暮らしていくことはできると思いますが、夫

図表2-19　夫婦世帯の2050年度の年金額の試算
（衰退シナリオ〈積立金枯渇前〉）

（年額・万円）

夫／妻	①高収入男性	③中収入男性（モデル世帯男性）	⑤低収入男女
② 高収入女性	452	373	320
④ 中収入女性	384	305	252
⑤ 低収入男女	347	268	216
⑥ 出産退職パート復帰	329	250	198
⑥′出産退職後専業主婦	316	237	184
（モデル世帯女性）	307	228	175

（注）年金額は2019年度現在の物価に換算した実質額で、計算式は図表2-15に基づく。網掛けは2019年度現在の「モデル世帯」の年金額（266万円）よりも年金額が多い世帯。
（出所）大和総研試算

の所得が人並みであっても、妻が専業主婦を続ける場合は、老後の暮らしは現在の高齢者と比べてかなり質素なものとなる可能性を視野に入れておくべきでしょう。

他方、夫婦とも現在の正社員並みの収入を得て共働きを続ける③中収入男性と④中収入女性の組み合わせでは年金額は年305万円、③中収入男性と④低収入男女の組み合わせでも年金額は年268万円と、いずれも2019年度現在のモデル年金額（年266万円）を上回ります。

衰退シナリオの到来は避けるべきではありますが、もしそうなってしまったとしても、夫婦ともフルタイムで共働きを続ければ、現在の高齢者と比べ遜色ない年金額を受給できる可能性が高そうです。夫婦共働きは、悲惨な経済状況になっても安心な老後を迎えられるだけのパワーを持っているのです。

6 自分の年金を増やすための行動が、日本経済を上向かせる

年金はもらうものではなく、「創る」もの

これまで、様々な経済状況、夫婦の働き方の下での2050年度の年金額の見込みについてみてきました。

将来の経済状況によって受け取れる年金額は大きく変わる可能性があります。しかし、どの経済シナリオの下でも、現役時代に多くの生涯賃金を稼ぎ、多くの保険料を払った人ほど、より多くの年金額を受け取れるということもまた事実です。

そう考えると、公的年金は決まった金額を国から「もらう」ものではなく、自分の世帯がどれだけ多く生涯賃金を稼ぎ、どれだけ多くの保険料を払ったかという実績によって自ら「創っていく」ものといった方が、より正確なのではないでしょうか。

経済状況がどうであれ、将来受け取れる年金額を増やすには、生涯賃金を高めてより多くの保険料を払えばよいことになります。その上で、世帯での生涯賃金を増やす一番の近道は、夫婦共働きを続けることではないでしょうか。

夫婦とも現在の中堅企業社員並みの生涯賃金を得るパターンでは、衰退シナリオの下でも、現在のモデル年金を上回る年３０５万円の年金を受け取れる見込みです。「老後に安心したければ、共働きを続ければよい」というのは、これからの時代の常識になるかもしれません。

女性が活躍できる社会はきっと経済も豊かになる

多くの女性が結婚や出産を経ても働き続け、今の正社員並みの給与を得るような社会になったら、日本はいったいどのような姿になっているでしょうか。

ＩＭＦのラガルド専務理事（当時、２０１９年7月より欧州中央銀行総裁）は、「（前略）女性の社会進出を促し、能力を高めることは大変意義があります。もし日本が女性の活躍推進を含め、労働力全体の強化などを重点とするさまざまな改革を実行すれば人口減少や少子高齢化のマイナス影響を跳ね返し、40年後には実質ＧＤＰを15％伸ばす事ができると予測されています」（「日経ＡＲＩＡ」２０１９年3月29日公開記事より）と述べました。

「40年間で15％」というのは年率０・35％に相当し、他の条件が変わらなければ、衰退シナリオの経済状況を国力維持シナリオ程度に、国力維持シナリオの経済状況を目標シナリオ程度に引き上げるほどの威力を持っています。

それぞれの世帯が自分の老後を豊かにするために頑張って共働きを続けるようになれば、日本経済全体もより豊かになり、経済状況そのものも好転させることができるのです。

自分の年金を増やすための行動が、日本全体の経済状況を上向かせて、自分だけでなく日本全体の年金支給額を増やす結果になる。この意味でも年金は「もらうもの」でなく、「創るもの」といえるでしょう。

第3章

「共働き」で創る自分たちの年金

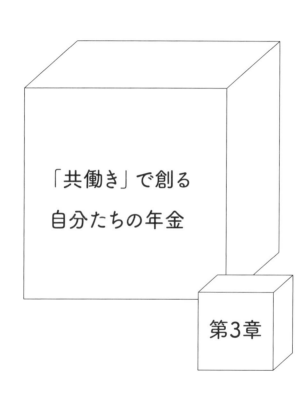

1

「65歳」がたどった道は今とはずいぶん違う

親世代は結婚や出産で会社を辞めていた

第2章では、私たちの年金額がどのようにして決まるのかをみてきました。今後の経済状況により年金額は大きく変わる可能性がありますが、どのような経済状況であろうと、より多くの生涯賃金を稼ぎ多くの保険料を払った人ほど多くの年金額をもらえることに変わりはありません。そして、世帯として生涯賃金を増やすひとつの近道は、夫婦共働きを続けることです。

2020年に65歳になり、（満額の）年金を受給し始める1955年生まれの世代にとっては、それを実現できた世帯は少数でしたが、女性が働く環境はこの30年間で大きく変わっています。私たちの親世代にあたる1955年生まれの世代と、その環境の違いを比べてみましょう。

図表3－1は、各年時点における女性の年齢階級別労働力率をプロットしたものです。1955年生まれの世代が23歳であった1978年のグラフをみると、20代後半から30代前半にかけて労働力率が大きく落ち込んでいることがよく分かります。この時代は、女性は結婚または出産の時点で会社を辞めるのが当たり前とされていました。その後、子どもが小学校に上

図表３-１　女性の年齢階級別労働力率の推移

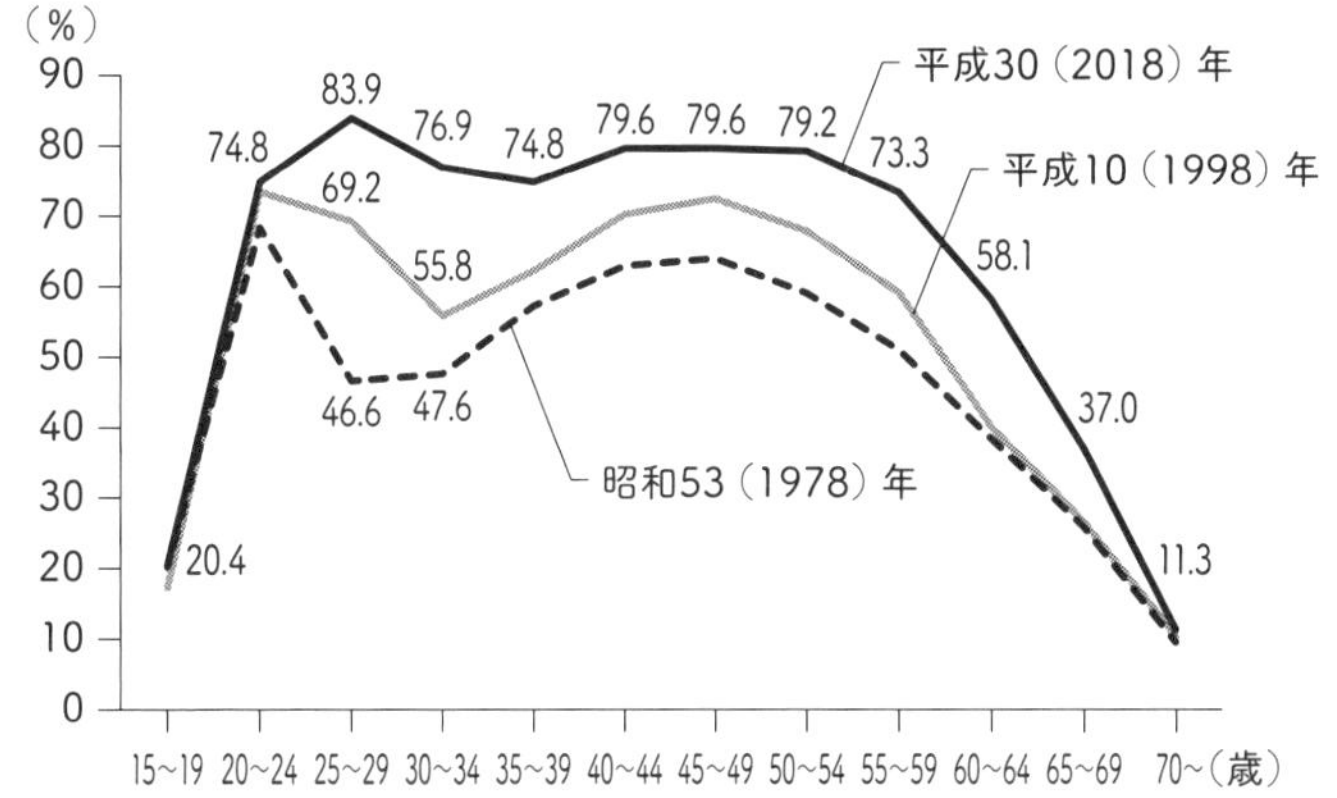

（備考）１．総務省「労働力調査（基本集計）」より作成。
２．労働力率は、「労働力人口（就業者＋完全失業者）」／「15歳以上人口」×100。
（出所）内閣府「男女共同参画白書 令和元年版」

がり育児が一段落する頃から労働力率が回復してくることから、女性の労働力率のグラフの形がアルファベットのMのような形をした「M字カーブ」と長らくいわれてきました。

時代を経るにつれ、M字の谷はどんどん浅くなり、直近２０１８年時点でみると、グラフはほとんどMの形をしていません。結婚や出産をする女性の割合が減った面もありますが、今では20代前半から50代後半にかけての全ての年代で労働力率が70%を超えています。

１９９０年代に私たちは小・中学生期を過ごしましたが、その頃から母親がパートで働いていたという記憶がある方も多いのではないでしょうか。

図表3-2　1955年生まれ（現在65歳）夫婦の生涯賃金の平均像

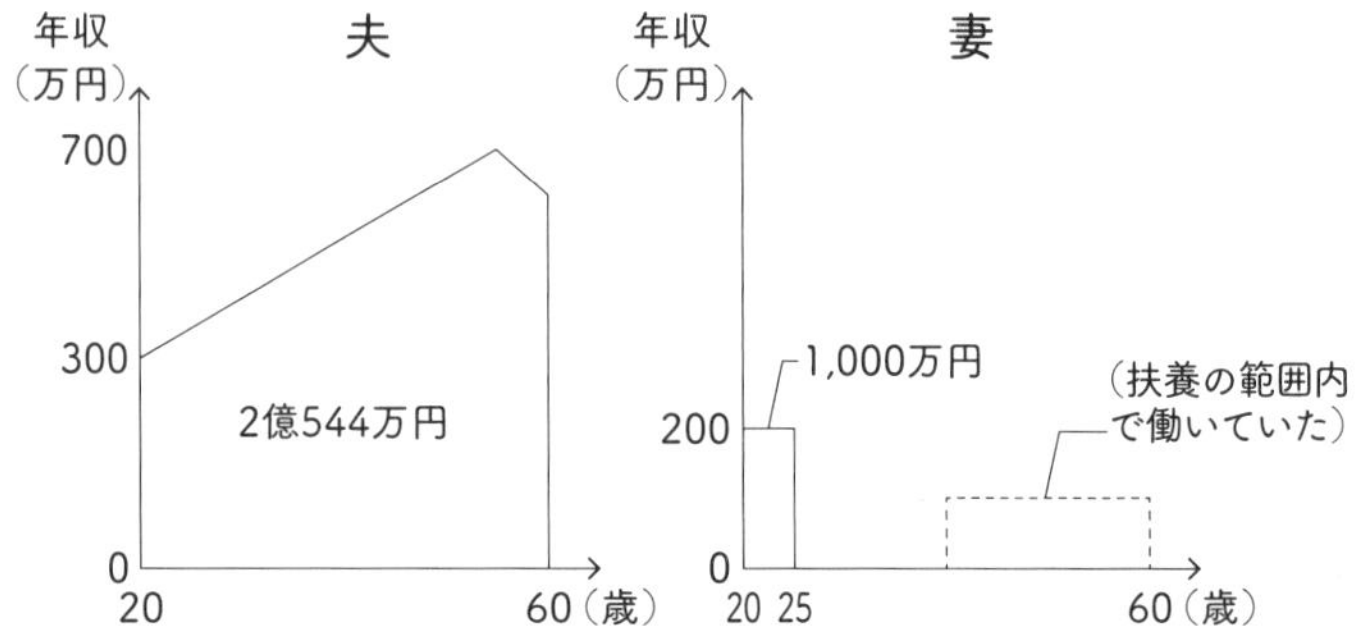

（出所）厚生労働省「平成30年賃金構造基本統計調査」等を参考に大和総研作成

図表3−1をみると、1978年や1998年のグラフでは子育てが一段落した30代後半頃から労働力率が再び上昇しています。長期間仕事から離れた結果キャリアが断絶されたことや、家事や育児の合間に働くために短時間しか働けないことなどから、パートなど補助的で給料の低い仕事に就く女性が少なくありませんでした。

夫の生涯賃金だけで年金額がほぼ決まった

2020年に65歳になる、1955年生まれの世代の年金額の平均像はどれくらいなのでしょうか。それを考えるためには、この世代の生涯賃金の平均像を想定する必要があります。1955年生まれの夫婦の生涯賃金の平均像としては、図表3−2のような金額を想定しました。

その世代が結婚するのは、平均して夫が27〜28

歳、妻が24~25歳で、女性は結婚した時点で仕事を辞める「寿退社《ことぶき》」が一般的でした。その場合、女性が賃金を得て厚生年金に加入したのは、高校か短大を卒業してから結婚するまでの数年程度となります。試算では、妻が結婚前に20歳から年収２００万円で5年間働き、（厚生年金に加入して得た）生涯賃金を１０００万円としました。

夫の生涯賃金は第2章で③中収入男性（モデル世帯男性）として設定した2億５４４万円を使います。

なお、子どもが育ってきてからパート等として夫の扶養の範囲内で働いたこともあったかもしれませんが、その場合、厚生年金保険料を払っていないため、年金額を計算する上での生涯賃金にはカウントされません。

この世帯では、（繰り下げ支給をしたり今後働いたりしない限り）２０２０年に支給が開始される年金額は既に年２７１万円と確定しています。この金額は、第2章で示したモデル世帯の２０１９年度の年金支給額である年２６６万円とほとんど変わりません。妻の生涯賃金が１０００万円にとどまるため、それに相当する厚生年金が年５万円にすぎないからです。この世代では、年金額がほとんど夫の生涯賃金により決まっていたことが分かります。

図表3-3　1955年生まれ
（現在65歳）
夫婦の年金額の平均像

世帯の生涯賃金	年金額
2億1,544万円	271万円

（出所）大和総研試算

2

「55歳」ならパートで少しでも年金を増やせる

世代によってどの程度女性の働き方と年金額が変わるのか

将来になればなるほど、年金額が大きく変動する可能性があります。それはすなわち、年金の支給開始年齢までより長い時間が残されている若い世代ほど、自分が高齢者になったときに受け取れる年金額が大きく変わりうることを意味します。もし悪い経済状況が続けば、若い世代になればなるほど年金額は大きく減る可能性もあります。

一方で、より若い世代になればなるほど、女性が働く環境は整ってきています。女性の働き方を変えることにより生涯賃金を伸ばすことで、経済状況の悪化があっても十分な年金額を確保できる可能性もあります。

現在65歳の世代と比べて、現在55歳、45歳、および35歳の夫婦において、妻の働き方の平均像がどのように変わってきたのか、また今後、どのような働き方がありうるのかを考えていきます。世代による働き方の平均像の変化が、年金額にも変化をもたらします。

なお、本章では厚生年金に加入して働き続ける年齢は一律に60歳までと考えます。

もちろん60歳を超えても厚生年金に加入して働き続ければさらに生涯賃金を伸ばすことがで

き、これに加えて年金の「繰り下げ受給」も選択すれば、年金額を増やすことも可能です。しかし、加齢により心身が衰えていくなか、誰もが働き続けることができるとは限りません。このため、いったんは現在と同様に60歳まで厚生年金に加入して働き、65歳から年金を受け取ることをベースとして年金額がどのくらいになるのかを試算します（働く期間を延ばしたり、繰り下げ受給を選択したりした場合の年金額については160ページ以降で検討します）。

バブル当時、「女ざかり」は19歳だった？

現在55歳の1965年生まれの世代は、バブルの時代に社会人になっており「バブル世代」とも呼ばれます。

突然ですが、歌手の森高千里氏が歌った『私がオバさんになっても』（作詞も本人による）という曲をご存じでしょうか。この曲は、バブルのピークは過ぎ、株価や都市部の地価は下がり始めたものの、まだ地方では地価が上がっていた1992年にリリースされたものです。この曲には、夏休みにサイパンに泳ぎに行ったり、オープンカーでドライブしたりと当時の楽しい恋愛模様が描かれています。

『私がオバさんになっても』は、自分が歳を取ったら、若い子が好きな「あなた」の気持ちが離れていかないか不安だという気持ちを歌った曲なのですが、なんとこの曲の歌詞のなかで、その「あなた」は「女ざかりは19（歳）」と言っていたのです。

当時は男性の約4割が四年制大学を卒業したものの、女性の四年制大学卒は1割強にとどまっていました。新卒採用では毎年のように高卒18歳、短大卒20歳の女性が職場にやってくる一方、25～26歳頃には「寿退社」で去っていくことが多いため、会社にいる女性は20代前半が中心となります。少子化ジャーナリストの白河桃子氏は当時について「恋愛といっても職場の集団見合いのような場で結婚が起こるシステムがあった」（白河桃子・是枝俊悟『「逃げ恥」にみる結婚の経済学』、毎日新聞出版、2017年）と分析しています。

今から考えると「19歳」はいかにも若いですが、当時の恋愛・結婚事情を象徴している数字だと思います。

均等法施行後も男女の差はあまりに大きかった

一方、四年制大学卒の女性であれば、1965年生まれの世代は1986年に施行された男女雇用機会均等法の施行後に社会人になっており、「均等法第一世代」とも呼ばれています。

企業では男性が営業や企画などの基幹的な役割を担う一方、女性は定型的な事務作業など補助的な役割と、性別で役割が固定されていたことが多かったようです。しかし、均等法の施行後は「総合職」という言葉が生まれ、基幹的な役割を担うのが「総合職」、定型的な役割を担うのは「一般職」と、職制による役割の区別に置き換わりました。女性も総合職であれば、男性と同様に営業や企画の仕事を担い、昇進していく道が開かれたのです。

もっとも、タテマエとしては男女平等となっても、職場における男女の役割意識は根強く残り、結婚や出産を機に女性が退職を迫られたり、女性の昇進が男性より後回しになったりすることは日常茶飯事といわれていました。

男女でいかに賃金が違っていたかは、この世代の女性が、男性社員との賃金差を不合理な差別だとして、勤め先の大企業に対して起こした訴訟に垣間見ることができます。裁判のなかで、１９８１年入社の高卒同期の同学歴の事務職男性83人、女性35人の計１１８人の２００１年時点（入社21年目）の基本給（世帯手当を除く基準労働賃金）の分布が示されたのですが、男女差はあまりに露骨でした。賃金の高いほうから順に１位から54位までは皆男性で、55位にようやく女性のトップが入り、56位から75位までは再び全員が男性、女性の２番目が全体の76位に入る……といった具合です（シカゴ大学の山口一男教授が裁判所に提出した意見書より）。これほどの男女差がありながらも、裁判では、その差は人事考課によるもので男女差別ではないとして、女性社員の訴えは退けられました。

つまり、女性トップの成績を残してようやく並の男性程度に評価されたわけで、この世代の女性の昇進や昇給がいかに難しかったかがよく分かります。

パートでも厚生年金加入で年金額が増える

男性の平均像としては、世代による（現在の物価に換算した）生涯賃金に大きな差がありませんので、本章では全て第2章で③中収入男性（モデル世帯男性）として設定した2億544万円を使います。

1965年生まれ女性の生涯賃金の平均像については、1955年生まれ女性と比べて男女の賃金格差が若干縮まったことと、平均初婚年齢が若干上がったことなどを反映し、結婚までの生涯賃金を1750万円（250万円×7年）としました。その後は、扶養の範囲内のパートで働き、現在まで厚生年金には加入していない（したがって、年金額計算上の生涯賃金にも加算されない）と設定しました（図表3－4）。

さて、この世代はまだ55歳ですので、60歳までとしても、まだ5年間働く期間は残されています。

そこで、55歳の女性がこのまま厚生年金に加入せず扶養の範囲内で働くプランAと、年収150万円を得て厚生年金に加入するプランB（年金額計算上の生涯賃金を750万円増やした場合）の2つのプランを設定し、年金額を試算してみました。

将来の年金額はこれからの生涯賃金と経済状況の両面で変動します。そのどちらの要素の方が大きいかというと、1965年生まれの世代では経済状況の変動の方がかなり大きいです。

図表３-４ 1965年生まれ（現在55歳）夫婦の生涯賃金の平均像

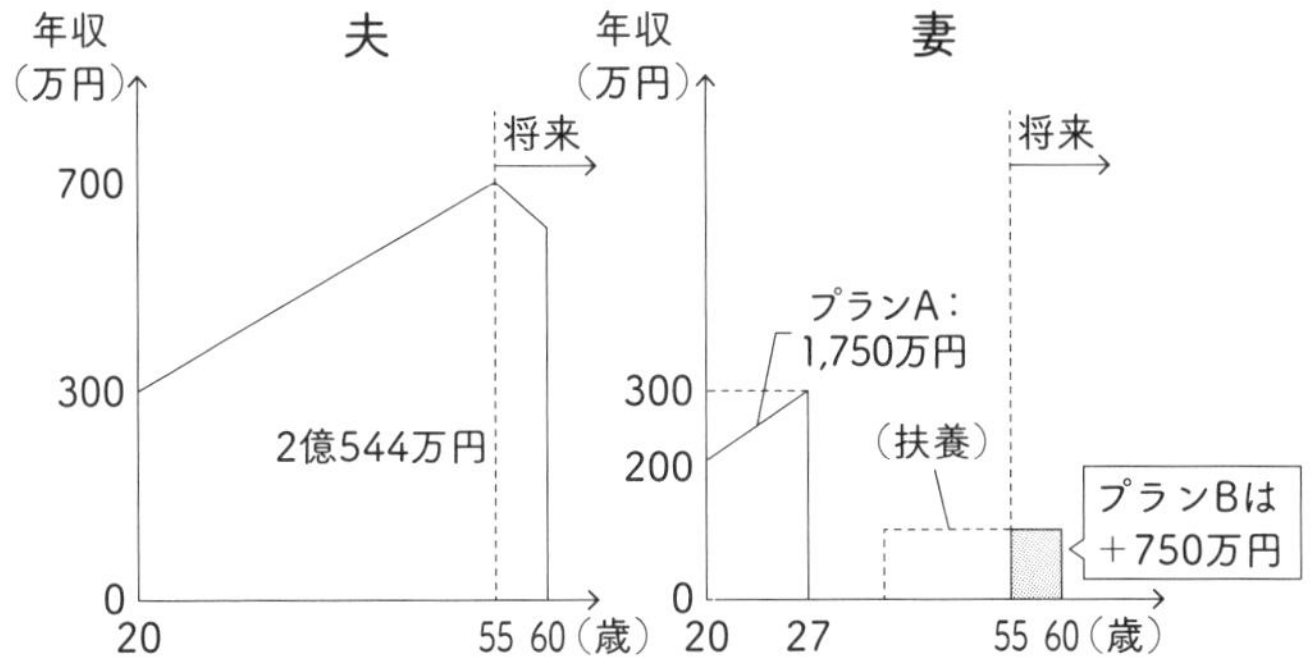

（注）年収および生涯賃金は2019年現在の物価に換算したもの。ただし、シナリオ別の今後の平均賃金の上昇は加味していない（以下、本章の生涯賃金の平均像の図表において同じ）。
（出所）厚生労働省「賃金構造基本統計調査」等を参考に大和総研作成

扶養のままのプランAの場合、年金額は目標シナリオでは年287万円となりますが、国力維持シナリオでは年257万円、衰退シナリオでは246万円にとどまります。国力維持シナリオと衰退シナリオを比べても、年金額の差は９万円あります。

厚生年金に加入するプランBでは、同じ経済状況の下での厚生年金に加入しないパターンと比べ年金額は年３万〜５万円多くなりますが、経済状況による年金額の差を覆すほどの差にはなりません。

予想以上に多かったパートの厚生年金加入

夫が会社員や公務員である場合、妻は年収130万円未満であれば国民年金第３号被保

図表3-5　1965年生まれ（現在55歳）夫婦の年金額の平均像

（単位：万円）

妻の今後の働き方のプラン	世帯の生涯賃金	目標シナリオ	国力維持シナリオ	衰退シナリオ
（A）扶養のまま	22,294	287	257	246
（B）パートで働き厚生年金に加入する	23,044	292	261	249

（注）生涯賃金と年金額（年額）は全て2019年度現在の物価に換算した実質額。「目標シナリオ」はケースⅢ、「国力維持シナリオ」はケースⅤ、「衰退シナリオ」は積立金枯渇前の水準。なお、この表における「世帯の生涯賃金」は将来の平均賃金の上昇を加味しない金額を示しているが、実際は経済状況別の平均賃金の上昇を加味した世帯の生涯賃金をもとに年金額を試算している。その他の試算の前提は84ページの図表2-15と同じ（以下、本章の年金額の平均像の図表において同じ）。

（出所）大和総研試算

険者となり保険料を払わずに済みます。この基準が、２０１６年10月から、従業員５０１人以上規模の企業で勤める場合などについては年収約１０６万円にまで縮小されました。

当時、厚生労働省は条件を満たす25万人ほどが新たに厚生年金に加入するものとみていましたが、私は、法改正が行われた当時は「労働者や企業が社会保険料の負担を回避するために労働時間等を調整することも考えられ、実際に厚生年金・健康保険に加入する短時間労働者の数は厚生労働省の見込む約25万人より少なくなる」（是枝俊悟『徹底シミュレーション　あなたの家計はこう変わる！』日本法令、２０１３年）と予想していました。

しかし、いざ制度が始まってみると、私の予想は外れ、厚生労働省の想定以上に短時間労働者の厚生年金加入が進みました。新たに厚生年金に加入した短時間労働者は、制度開始直後の２０１６年11月末時点で25万５００１人で、その後も加入者数は増え続け、２０１９年６月末現在で44万６６４８人になりました（厚生労働省「厚生年金保険・国民年金事業月報（速報）」より）。

労働政策研究・研修機構の調査によると、５０１人以上の企業の47・９％は、短時間労働者に対して労働時間を延長して厚生年金に入るか、労働時間を短縮して扶養の範囲内にとどまるかの両方の案を提示し、いずれかを選べるようにしました。

制度改正によって働き方を変えた短時間労働者は15・８％で、うち、「厚生年金・健康保険が適用されるよう、かつ手取り収入が増える（維持できる）よう、（短時間労働者のまま）所定労働時間を延長した（してもらった）」と答えた人は54・９％で、「厚生年金・健康保険が適用されないよう、所定労働時間を短縮した（してもらった）」と答えた32・７％を上回りました。

労働時間を延ばして厚生年金に加入することを選んだ理由としては、「もっと働いて収入を増やしたい」ことや「将来の年金額を増やしたいから」が上位に挙がりました（労働政策研究・研修機構「社会保険の適用拡大への対応状況等に関する調査〈事業所調査〉」および「社会保険の適用拡大に伴う働き方の変化等に関する調査〈短時間労働者調査〉」による）。

少しでも厚生年金に加入して年金額を増やし、安心な老後を増やしたいという思いが、目先の保険料の負担を逃れたいという思いに勝ったのです。

3

「45歳」なら今からでも正社員になれる

1990年代終盤、フリーターは前向きにとらえられていた

続いて、現在45歳の1975年生まれの世代について考えます。

この世代は高校生の頃にバブル崩壊を経験し、社会人になる頃の1997年にはアジア通貨危機が起こって経済不況が訪れるとともに、山一證券、北海道拓殖銀行といった大手金融機関までもが相次いで経営破綻しました。危機感を覚えた企業はこの頃から一斉に新卒採用人数を絞り込み、この時代に社会人になった人たちは、後に「就職氷河期世代」と呼ばれることになります。

この頃から非正規雇用者が大きく増えていくのですが、当時の若者としては、会社に縛られることのない自由な生き方として、「フリーター」を前向きにとらえていました。

ここでまた突然ですが、当時の曲を1曲紹介させてください。

私が中学生のころ好きだったアイドルの広末涼子氏が歌った曲のなかに、当時の時代を象徴する曲があります。それは、1998年にリリースされた『ジーンズ』(作詞:相田毅)という曲です。曲名の『ジーンズ』は「ジーンとする」(感動する)の複数形で、日常のなかで感動する瞬間について歌った明るくかわいい曲です。

その曲のなかでは、「学校やめてバイトをしている友達」が「やりたいことはあるけどまだ言えないんだ」とつぶやく姿を「なんだかいいと思う」と歌っています。この曲のリリース当時、広末涼子氏は高校生でしたから、「学校やめて」の「学校」というのはおそらく高校を指します。

(もちろん、なかには何らかの分野で大成した人もいますが)後に、高卒学歴を持たない人は、全体としてみれば高卒や大卒の人と比べて平均年収や失業率などで大きな差がつきます。しかし、当時の若者は、高校を辞めることを「なんだかいいと思う」と歌う高校生を違和感なく受け止めていたものと思います。

これから正社員になれば生涯賃金は大きく増える

この世代の男性の実際の(現在までの)生涯賃金は前後の世代より若干少ないのですが、「女性の働き方」に絞って考えやすくするため、試算の上での男性(夫)の生涯賃金の平均像

図表3-6　1975年生まれ（現在45歳）夫婦の生涯賃金の平均像

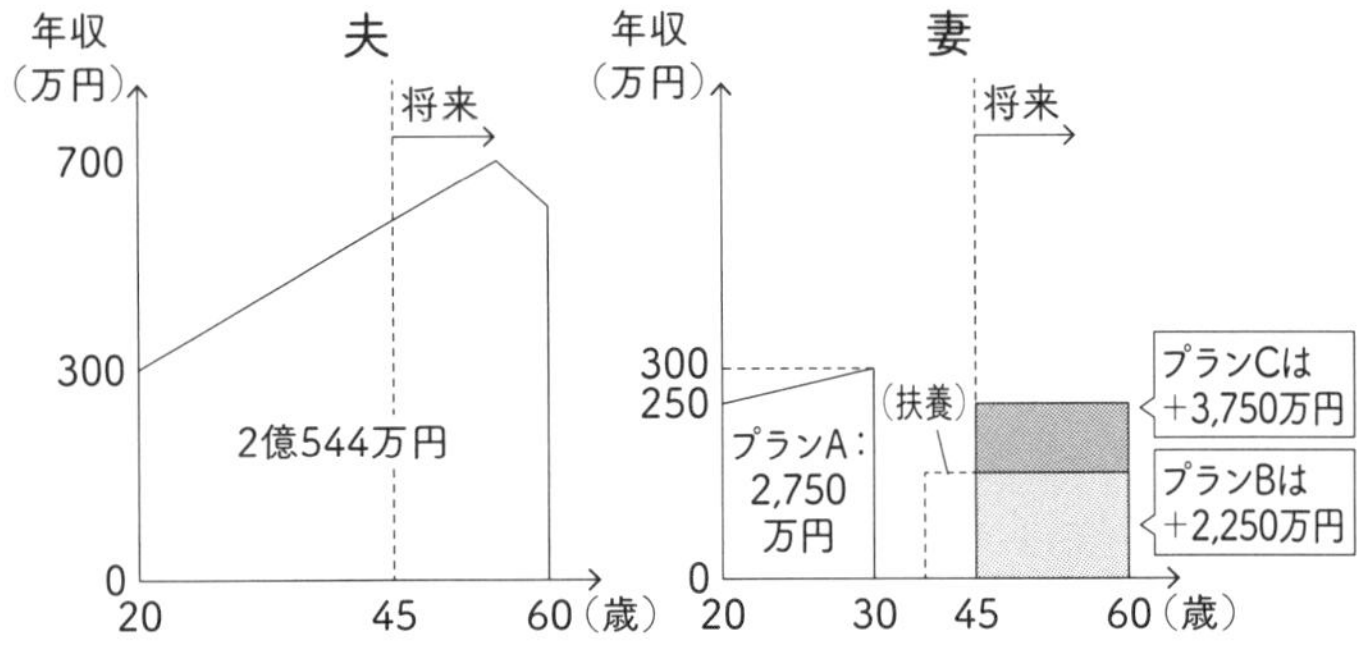

（出所）厚生労働省「賃金構造基本統計調査」等を参考に大和総研作成

は、これまでと同じ2億544万円と設定しておきます。

厳しい就職環境を乗り越えて正社員の椅子を手にすることができた女性のなかには、結婚時点では会社を辞めないケースが増えてきますが、それでも、子どもを産んでも職場にとどまることのできた人はまだ少数派でした。

1975年生まれの世代では、女性が20歳の就職時点から30歳の出産までの10年間で2750万円稼いでいることを、これまでの生涯賃金の平均像として設定しておきます。

さて、45歳であれば、まだ60歳まで15年もの期間が残されています。

ここでは、今後も扶養のままにとどまるプランA、パートで働き年収150万円を得るプランBに加えて、正社員として年収250万円を得るプランCも設定しました。年収250万円を15年間得ることができれば、生涯賃金は3750万円の上乗せとなります。

職業訓練給付金を活用して「手に職」をつける

出産を機に長らく仕事から離れていたり、パート等で働いていたりする女性が正社員として再就職することは難しいことのように思うかもしれませんが、「手に職」があれば話は別です。医療、介護、保育など人手不足の現場は数多くあり、看護師、介護福祉士、保育士などの資格があれば、45歳からであっても正社員として再就職することもそれほど難しいものではありません。

現在これらの資格を持っていなくても、専門学校などに通い直すことで資格を取得することもできます。2018年1月より、政府は教育訓練給付金を大幅に拡充し、過去20年以内に2年以上の勤務期間があれば、専門学校などの費用の最大70％の給付金（2年制の専門学校なら最大112万円）を受けられるようになりました。結婚や出産前までに会社勤めをしたことがある40代の女性は、ほとんどがこの教育訓練給付金の対象になります。

教育訓練給付金を活用して専門学校で学び直し、資格を取得して正社員として再就職する。そんな可能性も「45歳」からなら十分にあるのです。

図表3-7　1975年生まれ（現在45歳）夫婦の年金額の平均像

（単位：万円）

妻の今後の働き方のプラン	世帯の生涯賃金	目標シナリオ	国力維持シナリオ	衰退シナリオ
（A）扶養のまま	23,294	299	265	253
（B）パートで働いて厚生年金に加入する	25,544	310	275	261
（C）正社員として厚生年金に加入する	27,044	323	286	271

（出所）大和総研試算

正社員復帰なら経済状況の悪化を跳ね返せる

将来の年金額はこれからの生涯賃金と経済状況の両面で変動しますが、1975年生まれの世代では生涯賃金の変動の方がかなり大きくなってきます。

妻が扶養のままでいるプランAの場合、年金額は目標シナリオでは年299万円となりますが、国力維持シナリオでは同265万円、衰退シナリオでは同253万円にとどまります。国力維持シナリオと衰退シナリオを比べた年金額の差は12万円と、1965年生まれの世代の平均像での差（7万円）よりも大きくなっています。

これに対し、妻がパートで働いて厚生年金に加入するプランBでは年金額は8万～11万円、正社員として働くプランCでは18万～24万円増加します。「45歳」から正社員として働けば、経済状況による年金額の差を覆すこともできるのです。

4 「35歳」、今なら共働きを続けられる

出産した女性が職場に戻ってくるようになった

これまで１９５５年生まれ、65年生まれ、75年生まれの世代の主婦の生涯賃金と年金の平均像を考えてきましたが、これらの親世代、先輩世代の方々と比べて、私たちの世代の夫婦の生涯賃金と年金の平均像はどのようなものになるのでしょうか。まずは、そのカギとなる女性の就業状況についてみてみましょう。

図表３−８は、２００３年度以後の女性の育児休業取得者の割合をみたものです。

「出生数に対する育児休業取得者の割合」は、２００３年度には９・２％、10年前の２００９年度時点でも17・９％にとどまっていましたが、右肩上がりを続け、２０１８年度現在は36・９％にまで上昇しました。育児休業を取得した女性の95％ほどは職場に復帰していますので、「出生数に対する育児休業取得者の割合」は、子どもを産んだ女性のうち育休を経て職場に復帰した女性の割合と呼び変えてもよいでしょう。この15年間で、育休を経て職場復帰する女性の割合が27ポイントほども増えたのです。

私たち、「35歳」の世代は今、子育て期に入り始めた、またはこれから入ろうとする時期を

図表3-8　出生数に対する女性の育児休業取得率の推移

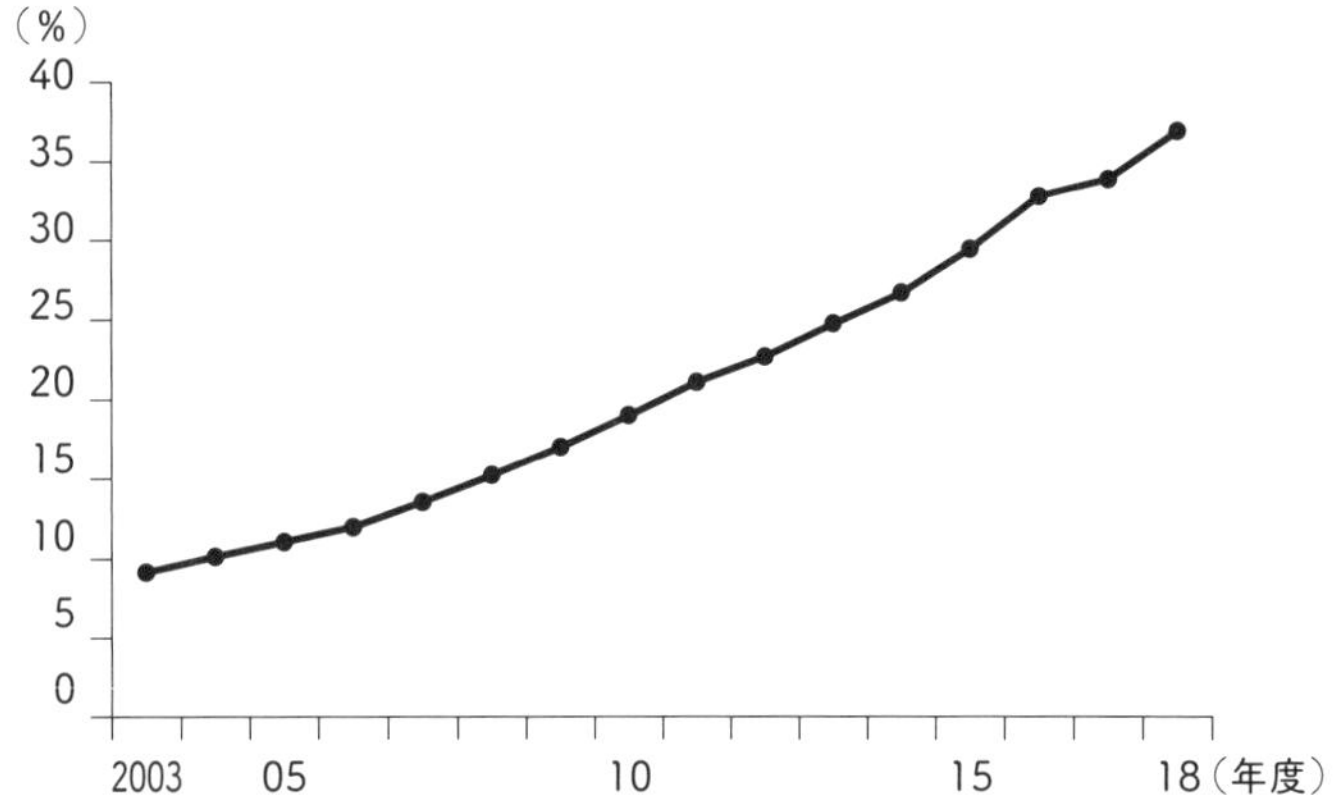

（注）2018年度の出生数は速報値による。
（出所）厚生労働省「雇用均等基本調査（旧・女性雇用管理基本調査）」、「人口動態統計」、職業安定分科会雇用保険部会資料をもとに大和総研作成

迎えています。その、まさに今、出産した女性のうち、キャリアを途切れさせることなく元の職場で仕事を続けている方が実に4割近くに達しているのです。

正規雇用で働いている女性に限ると、実に約7割が出産後も職場にとどまっているという統計もあります（内閣府「仕事と生活の調和（ワーク・ライフ・バランス）レポート2018」による）。私たちの世代では、出産で女性が職場を去るのではなく、むしろ職場に戻ってくる方が「普通」といえるような状況になっています。

保育所は大増設されている

子育てをしながら共働きを続ける上で

図表3-9　保育所定員数と6歳未満児に対する割合の推移

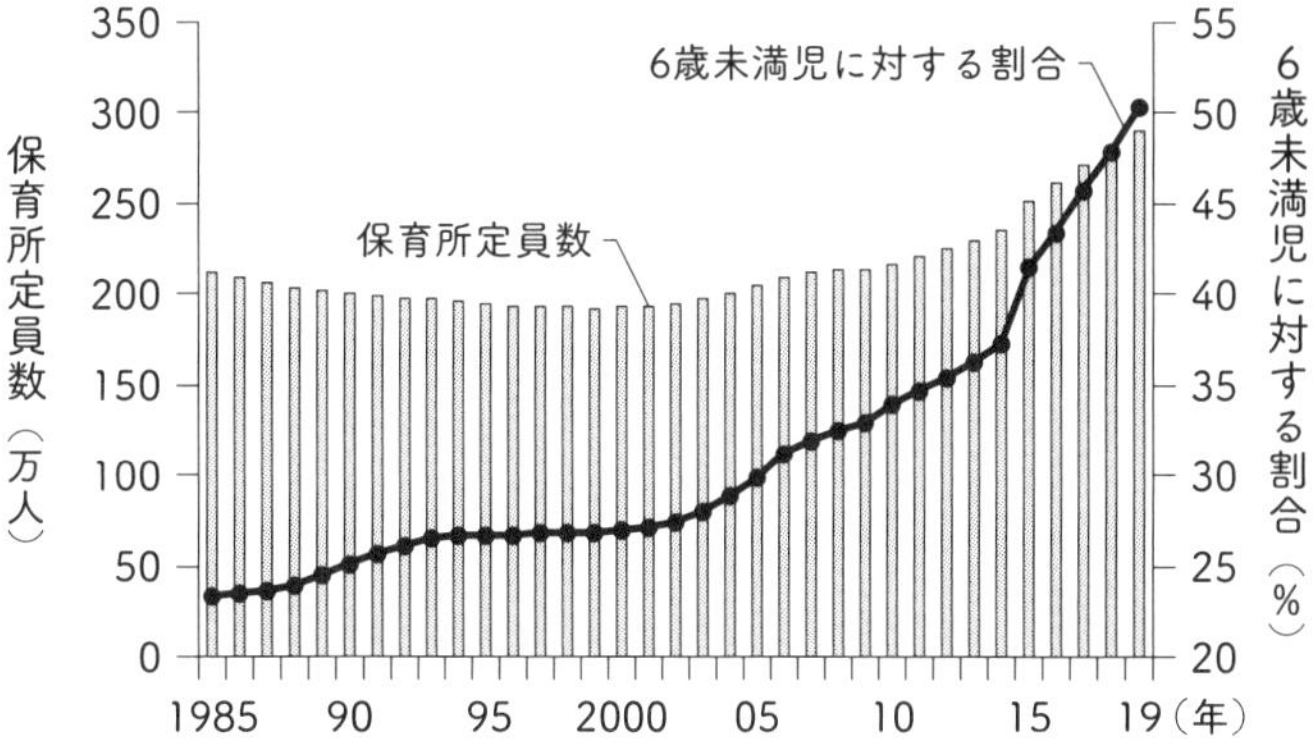

（注）2013年以後は認定こども園・特定地域型保育事業等を含む。
（出所）厚生労働省「福祉行政報告例」、「保育所等関連状況取りまとめ」、総務省「人口推計」をもとに大和総研作成

保育所は欠かせない存在です。いまだに保育所に入れない「待機児童」の問題が解決しないことにもどかしさを感じるところかもしれませんが、それでも保育所に入れる子どもの数自体は昔と比べて大幅に増えています。

図表３－９は保育所定員数と６歳未満児に対する割合（充足率）の推移です。

１９９０年代を通じて保育所の定員数は少しずつ減っていたのですが、同時に子どもの数も減っていたため、充足率は１９９０年代を通じて長らく27％前後で変わりませんでした。

政府が初めて、少子化対策として具体的な計画を作ったのは１９９４年の「エンゼルプラン」であり、その最終年度である１９９９年ごろから保育所定員数は増加に

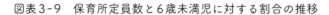

転じます。

1999年から2009年までの10年間で、保育所の定員は191万人から213万人へと22万人分（＋12％）拡充されます。その後10年間はさらに急ピッチで増設が進められ、保育所の定員は2019年には288万人へと、2009年と比べ75万人分（＋35％）も拡充されました。

この間も産まれる子どもの数は減っているため、充足率でみると保育所の増加ペースはもっと急で、1999年時点の27％に対し、2009年時点では33％（10年で＋6ポイント）、2019年時点では50％（10年で＋17ポイント）にまで上昇しました。

正社員の30代女性が増加している

女性が出産しても、育児休業等により仕事を辞めることなく、保育所等を利用しながら職場に戻ってこられることが一般的になってきた結果、正社員の30代女性が増加しています。

図表3－10は過去10年間の30代女性の就業率の推移を示したものです。

2008年には就業率は62・0％（うち正規は32・0％）でしたが、2018年には73・8％（うち正規は39・9％）に上昇しました。この間、非正規雇用による就業も4ポイント上昇していますが、正規雇用による就業はそれを上回る7・9ポイントの上昇です。30代女性の

図表３-10　30代女性の就業率の推移

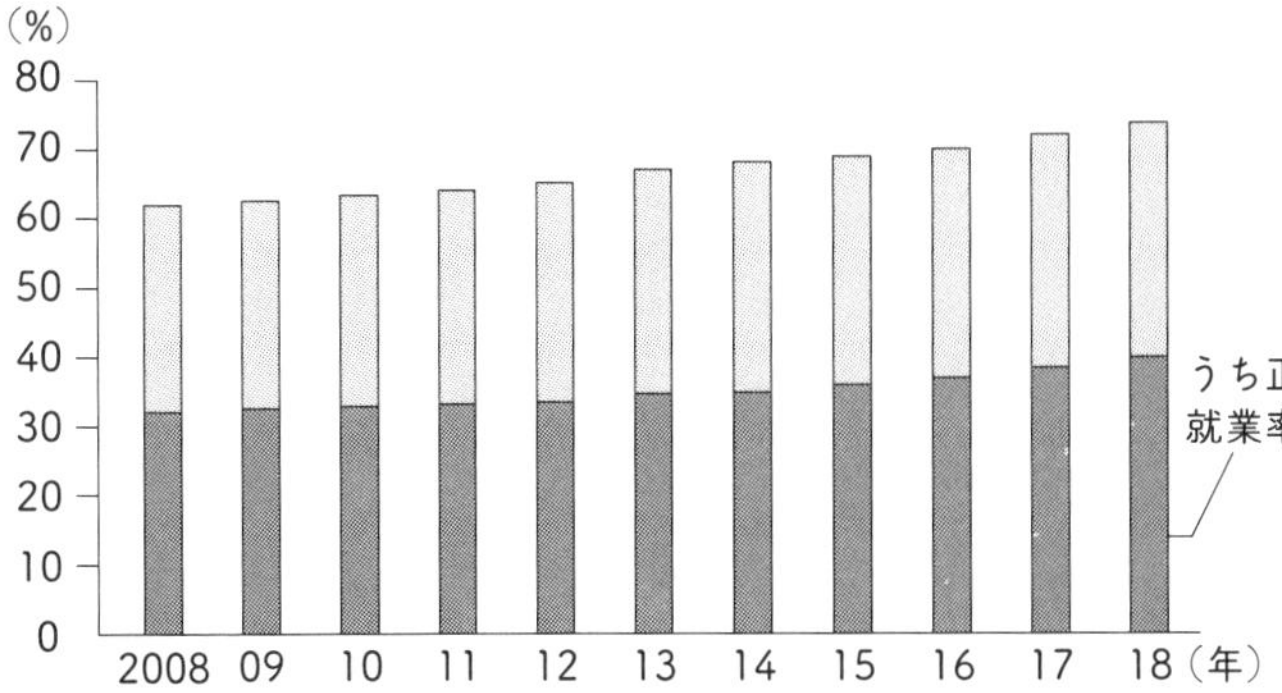

（注）正規就業率＝就業率×雇用者のうち「正規の職員・従業員」の比率
（出所）総務省統計局「労働力調査」をもとに大和総研作成

雇用者に占める正規の職員・従業員の割合も、この間51・7％から54・0％へと2・3ポイント上昇しました。

妻のこれからの稼ぎは１億円以上

現在35歳前後の世代では、女性のなかでは就業している人が多く（就業率73・8％）、就業している人のなかでは正規雇用が過半数で（正規雇用割合54・0％）、正規雇用であれば第１子を産んでも約７割が職場にとどまる（１１６ページ参照）ようになりました。

これらをもって、私たち35歳前後の世代の夫婦の平均像として、夫婦とも正社員で、正社員の平均程度の収入を得ている姿を想定しました。

２０１８年現在の平均初婚年齢は、男性31・

1歳、女性29・4歳であり、結婚から第1子の出産まで平均2・44年です（厚生労働省「人口動態統計」より）。私たちの世代の夫婦の平均像としては32歳ごろに第1子を産み、第1子が現在3歳くらいというところでしょうか。

この、現在までの私たちの世代の平均像について、これからの女性の働き方によって生涯賃金と年金がどのように変わってくるのかを考えていきます。

男性の生涯賃金は、いったんはこれまでと同じ2億544万円と置いています。

さて、私たちは60歳になるまでまだ25年もありますので、これからの働き方によって世帯の生涯賃金は大きく変動します。そこで、妻の今後の働き方については4つのプランを想定しました。35歳で退職して、以後は夫の扶養のままにとどまるプランA、子どもが大きくなった45歳からパートで復帰するプランB、同じく45歳から正社員として復帰するプランCのそれぞれの今後の生涯賃金の上乗せ分は、1975年生まれの世代のプランA～Cと同様としました。妻が正社員として働き続けるプランDでは、妻の生涯賃金は第2章で使った④中収入女性の1億7000万円に達するものとします。

もっとも、小さな子どもを抱えながらも妻が正社員として働き続けるわけですから、妻ばかりが家事や育児を担ったまま働き続けるのには無理があります。プランDでは、夫も家事や育児を分担することとして、残業代の減少などにより他のプランよりも夫の生涯賃金が1000万円減少（年収ベースで約30万円減少）することを想定しました。それでも妻がこれから稼ぐ

図表3-11　1985年生まれ（現在35歳）夫婦の生涯賃金の平均像

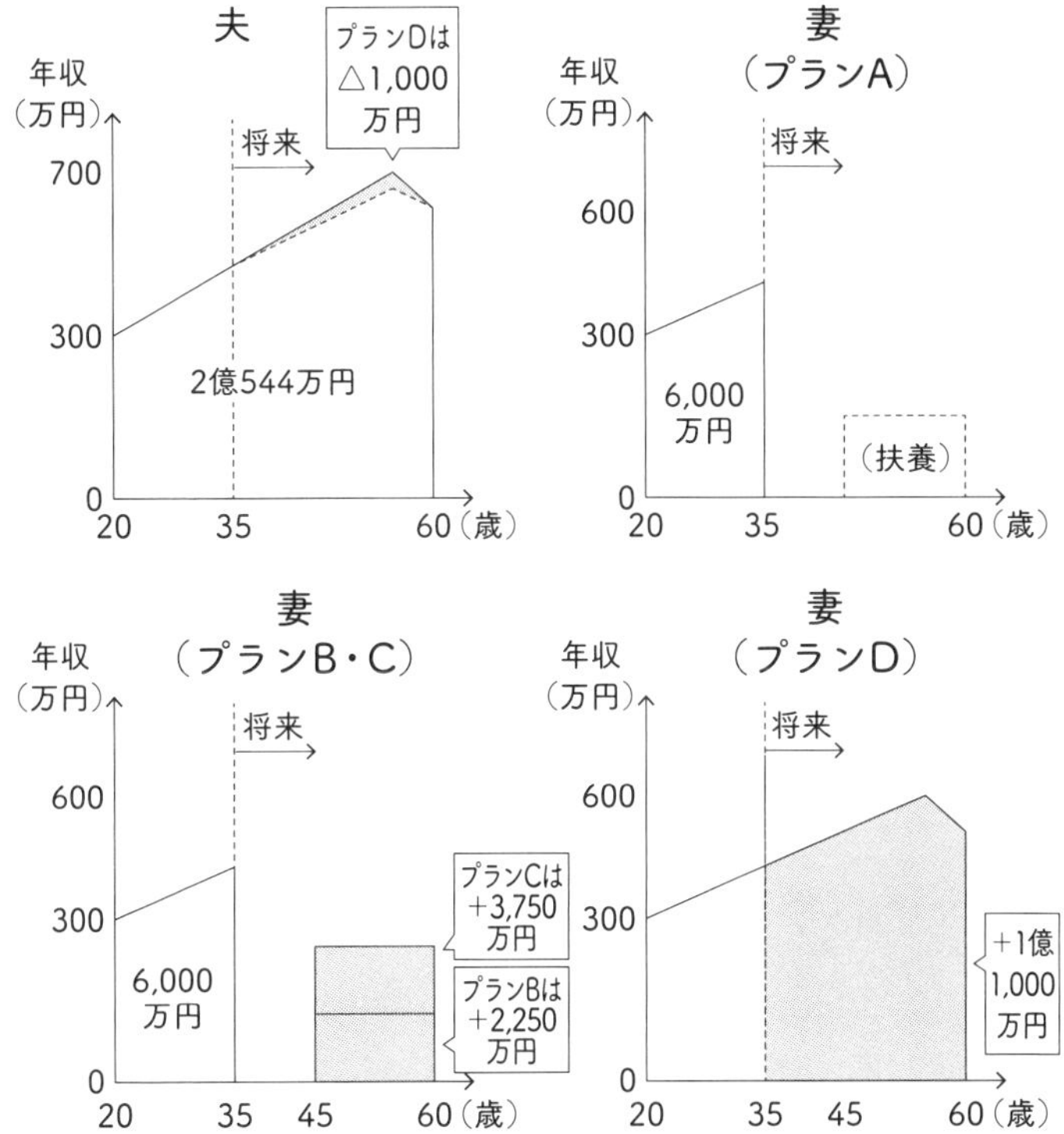

（出所）厚生労働省「賃金構造基本統計調査」等を参考に大和総研作成

図表3-12　1985年生まれ（現在35歳）夫婦の年金額の平均像

（単位：万円）

妻の今後の働き方のプラン	世帯の生涯賃金	目標シナリオ	国力維持シナリオ	衰退シナリオ
（A）扶養のまま	26,544	341	284	255
（B）45歳からパート復帰	28,794	357	297	265
（C）45歳から正社員復帰	30,294	368	306	272
（D）正社員のまま働き続ける	36,544	412	343	300

（出所）大和総研試算

1億1000万円と比べれば大きなものではありません。

最悪の経済状況下でも、「平均像の年金額」は増え続ける

私たち、現在35歳の世代の将来の年金額の今後の経済状況による変動幅は、上の世代より大きくなります。

妻が今後扶養のままでいるプランAの場合、目標シナリオでは年金額は年341万円になりますが、国力維持シナリオでは年284万円、衰退シナリオでは年255万円にとどまります。国力維持シナリオと衰退シナリオを比べた年金額の差は29万円となり、1965年生まれの世代（7万円）、1975年生まれの世代（12万円）よりも遥かに大きくなっています。

では、後の世代ほど最悪の場合の世帯の年金額が少なくなるのかというと、そうなるとは限りません。いったん仕事を辞めた後、扶養のままでいるプランAで衰退シナリオ同士の年金額で比べると、１９５５年生まれの年２７１万円と比べ、１９６５年生まれでは年２４６万円まで年金額は減ります。しかし、その後は、１９７５年生まれは年２５３万円、１９８５年生まれは年２５５万円と、下限の金額は徐々に切り上がっていきます。

これは、第2章の図表2－12（74ページ）における、衰退シナリオでは将来になればなるほどモデル年金額は減っていくという説明と一見矛盾するようにみえますが、そうではありません。なぜなら、若い世代ほど、35歳時点までに得た生涯賃金の平均値が増加しているため、この分だけでも世帯の年金額に与える影響が無視できなくなるからです。

モデル世帯は、女性が20歳から60歳まで一度も働いたことがなく、ずっと専業主婦または扶養の範囲内のパートで過ごす世帯で、モデル年金はそのモデル世帯の年金額です。

25歳ごろには寿退社して（年金計算上の）生涯賃金が１０００万円ほどしかなかった今の65歳の年金額をみる上では、モデル世帯が標準といってもよいでしょう。しかし、世代を追うごとに女性は確実に経済力をつけてきました。私たちの世代の平均像として設定した、女性の35歳までの生涯賃金の６０００万円は、それだけで男性平均の生涯賃金の3割近くに達しています。

女性の収入も含めて世帯の年金額をきちんと評価すれば、年金の未来は決して暗くないのです。

加えて、女性のこれからの働き方によっては、年金額はさらに増えていくことになります。扶養のままのプランAと比べると、45歳からパート復帰のプランBでは年金額は年10万~16万円、45歳から正社員復帰するプランCでは年17万~27万円、正社員として働き続けるプランDでは年45万~71万円増えます。

若い世代ほど、35歳時点までの女性の生涯賃金の平均が増えているために経済状況にかかわらず世帯の年金は増えていき、整った環境を味方に今後も共働きを続けることができればさらに大きく年金を増やすことができる、というのが、私たちの先にある年金の未来なのです。

5 共働きを前提にすれば働き方・暮らし方も変わる

共働きなら、もちろん現役時代の暮らしも豊かに

私たちの世代は、親の世代、先輩たちの世代と比べて、女性が働くための環境が大きく改善されており、夫婦共働きを続けることが一般的になりつつあります。

図表3-13　30代子育て世帯の世帯年収分布

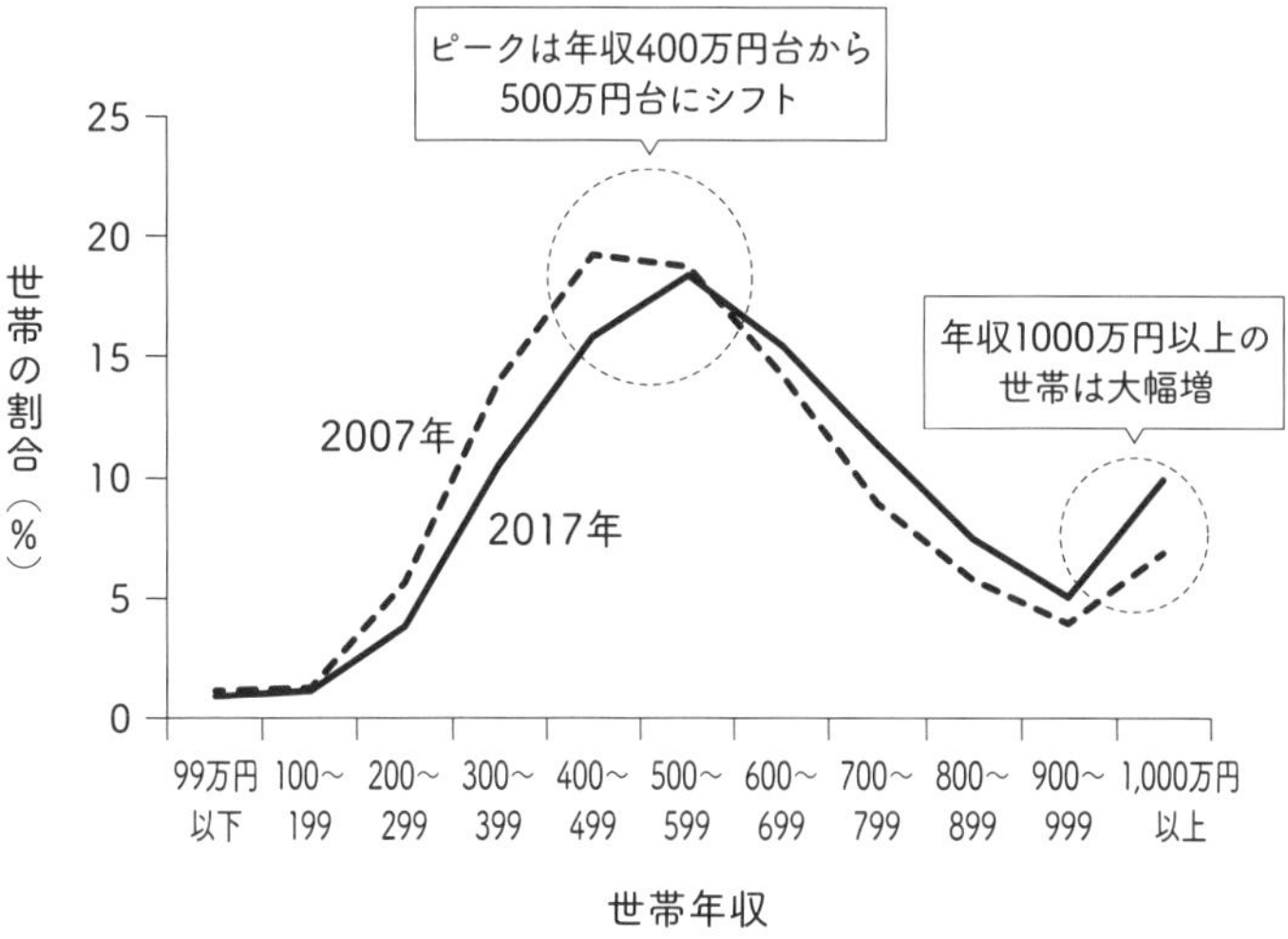

（出所）総務省「就業構造基本調査」（平成19年・平成29年）をもとに大和総研作成

もちろん、夫婦共働きによって豊かになるのは老後の暮らしだけではありません。122ページでみた、プランAとプランDでは、世帯の生涯賃金は1億円も違います。私たちの世代は、親世代や先輩たちの世代よりも、夫婦共働きで現役時代も老後も豊かに暮らす道が実現しやすくなっているのです。

実際に、私たちの世代では、共働きで豊かになった世帯が増えています。

図表３－13は、２００７年と２０１７年の30代子育て世帯（夫が30代で夫婦と子の世帯）の世帯収入の分布を比べたものです。

この10年間で、世帯収入のピーク

図表3-14　30代子育て世帯の世帯年収分布（2017年）

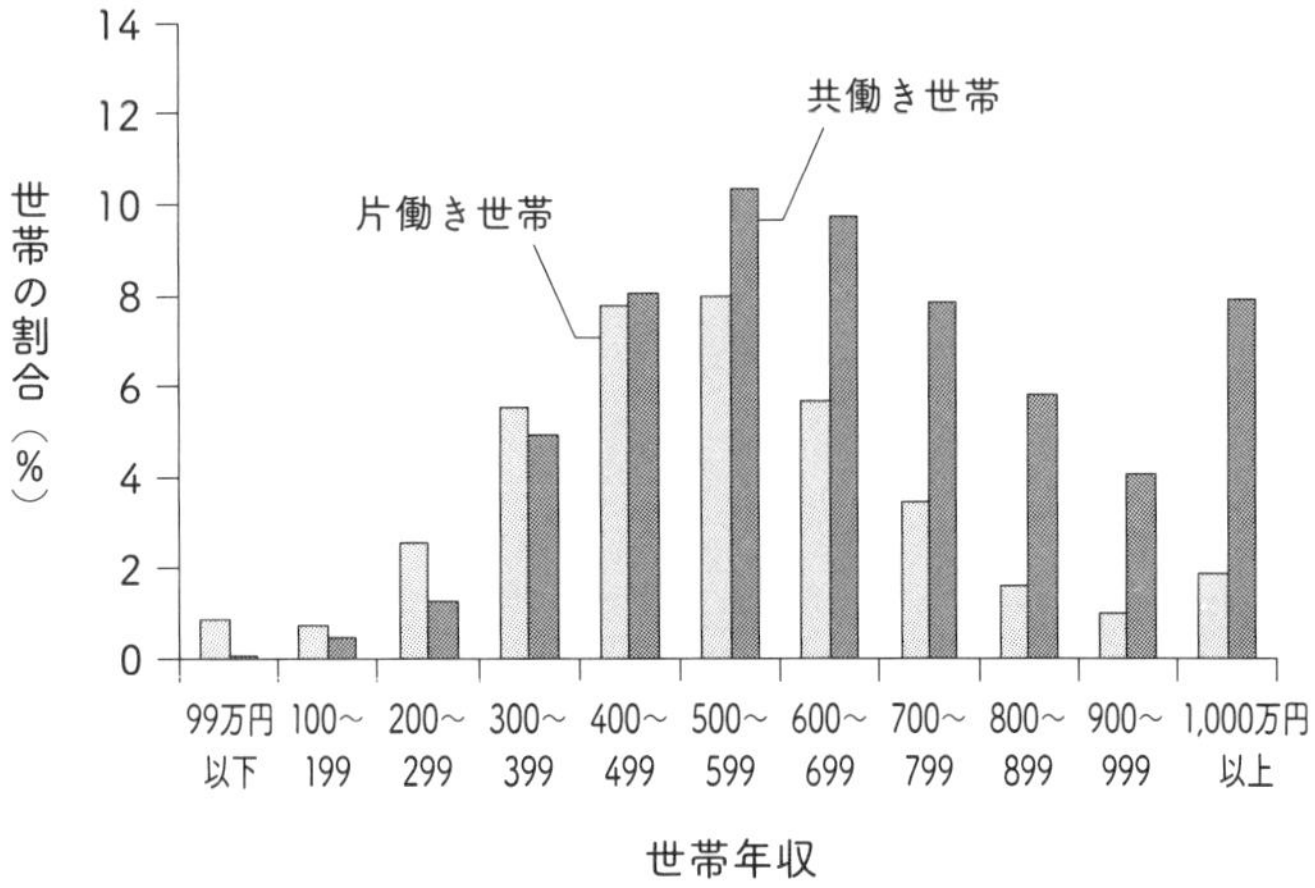

（注）世帯の割合は、片働き世帯と共働き世帯の合計を分母としている。
（出所）総務省「就業構造基本調査」（平成29年）をもとに大和総研作成

は年収４００万円台から年収５００万円台にシフトし、年収１０００万円以上の世帯は、６・９%から９・９%へと大幅に増えています。

30代の約1割の世帯が年収１０００万円というと驚くかもしれません。しかし、そのカラクリは単純なものです。１人で年収１０００万円を得るのは難しくとも、夫婦２人の合計で世帯年収１０００万円を得ることはそれほど難しくないからです。

図表3-14は、２０１７年の「30代子育て世帯」の世帯年収分布を、片働き世帯と共働き世帯に分けて示したものです。

実は、世帯年収１０００万円以上の世帯の8割は共働き世帯です。夫婦そ

図表3-15　夫婦とも正社員で6歳未満の子がいる世帯の生活時間

（週あたり、時間）

	仕事	家事・育児	仕事と家事・育児の計	休養・娯楽等	睡眠
夫	52.4	11.6	63.9	19.0	53.0
妻	27.4	41.9	69.3	12.8	52.5

（注）家事・育児には「介護・看護」、「買い物」を含む。
休養・娯楽等は、「テレビ・ラジオ・新聞・雑誌」、「休養・くつろぎ」、「趣味・娯楽」、「スポーツ」の計。
（出所）総務省「平成28年社会生活基本調査」をもとに大和総研作成

れぞれ500万円ずつ、あるいは夫が600万円、妻が400万円を稼げば、世帯年収は1000万円に達します。

1人で年収1000万円を稼ごうとすると、大卒で大企業に勤めている「高収入男性」で50代前半にようやく到達するかどうか（第2章の62ページ参照）というところですが、世帯での年収1000万円は、共働きを続ければ30代のうちに手が届きそうなところにあります。

妻はかなり無理をしている

共働きを続けていくことを前提にすると、まず考えるべきは、夫婦の家事や育児の分担です。

現在のところ、夫婦とも正社員として働いていても、家事や育児の約8割は妻により行われており、妻の仕事や生活にはかなりの無理が生じています。

図表3－15は、6歳未満の子がいて夫婦とも正社員と

して働いている世帯の生活時間を示すものです。妻が週41・9時間の家事・育児をしているのに対し、夫の家事・育児は週11・6時間にとどまります。夫の仕事の時間が週52・4時間と長いことが原因ともいえますが、仕事と家事・育児の合計時間でみると、夫の63・9時間に対し、妻は69・3時間と、妻の方が週5・4時間長くなっています。

休養・娯楽等の時間をみると、夫が週19時間に対し、妻は週12・8時間と3割ほども少なく、睡眠時間も妻の方が短くなっています。妻は自分の時間を削って、かなり無理をしているのです。

妻の労働時間の短さがキャリアに影響も

また、図表3－15で妻の労働時間が週27・4時間と、夫の労働時間（週52・4時間）の半分ほどにまで短くなっていることも気になります。男性読者であれば、そんなに労働時間が短い正社員がいるのだろうかと疑問に思うかもしれません。しかし、これは、子育て中の女性社員の実態を表した数字といえます。

育児のための短時間勤務制度を利用すれば、労働時間を1日6時間、週30時間まで短縮することができ、家事・育児と仕事を両立させるため、女性が短時間勤務制度を利用することは一般的になっています。

図表3-16　保育園児の年間平均病欠日数

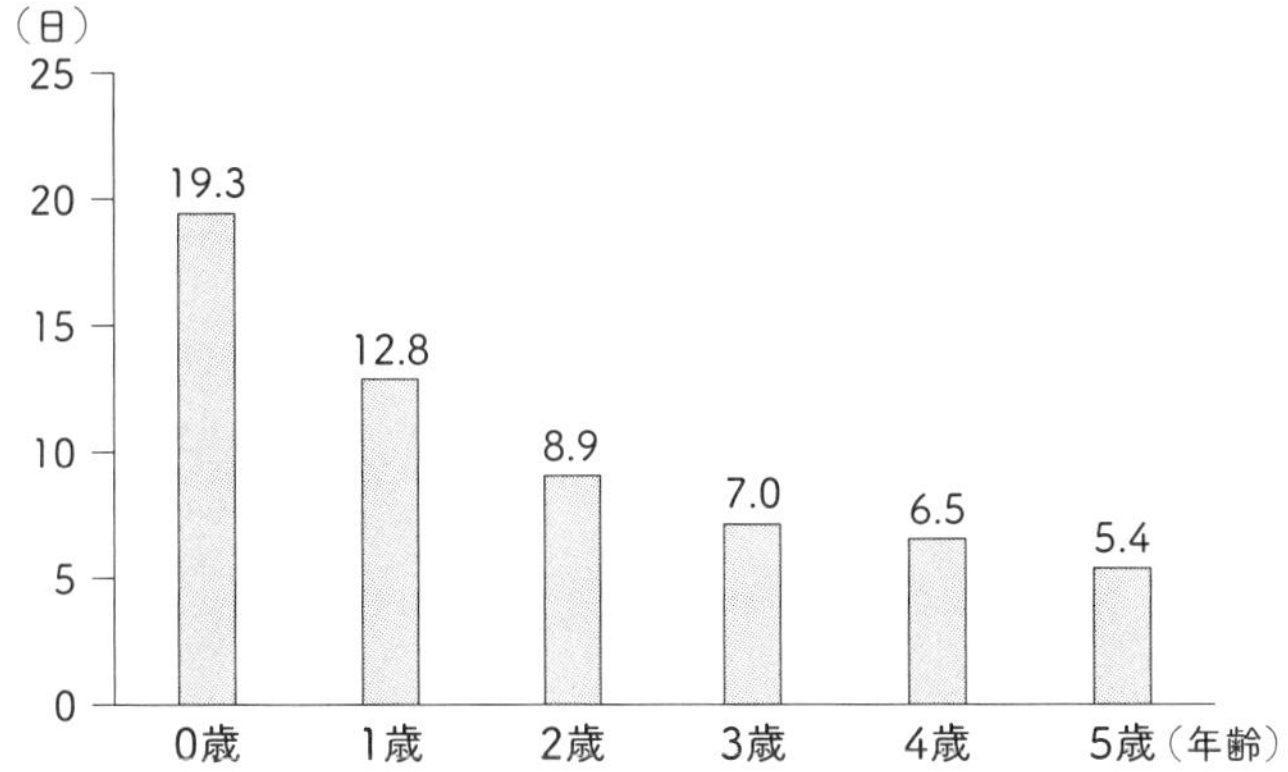

（注）年度初めの年齢による
（出所）野原理子・冨澤康子・齋藤加代子（2017）「保育園児の病欠頻度に関する研究」、『東京女子医科大学雑誌』第87巻5号pp.146-150

加えて、幼い子どもは頻繁に風邪をひきます。保育園では登園時に毎日熱を測り、37・5度以上であれば通えないというのが一般的です。子どもが保育園に通えないと、祖父母などにみてもらったり病児保育を利用したりしない限り、親が仕事を休むしかなく、多くの場合は母親がそうしています。

図表3－16は、東京女子医科大学（当時）の野原理子講師らが調査した保育園児の年間平均病欠日数の統計です。0歳児では実に19・3日、1歳児でも12・8日も休んでいます。子どもの成長とともに病欠の日数は減ってきますが、5歳児でも年間5・4日休んでいます。

週30時間の短時間勤務をベースに、子どもが風邪をひいたときに休むことを考えると、週27・4時間しか労働時間がないというのはリアルな数字なのです。

それでも、当面は制度によって正社員としての地位が守られることにはなりますが、男性社員の半分程度の労働時間しか確保できず、しかも、子どもの風邪などでいつ休むか分からないという状況で、責任ある仕事を行うことは難しいものです。

ジャーナリストの中野円佳氏の『「育休世代」のジレンマ』（光文社新書、2014年）には、育休や短時間勤務などの制度を利用しながらなんとか仕事を続けたものの、「マミートラック」に乗せられてキャリアの形成や昇進の道が閉ざされてしまい、仕事にやりがいを持てずに辞めてしまった先輩たちの事例が数多く紹介されています。

夫が家事・育児のために早く退社することについて、残業代が減ったり、評価に響いたりすることを心配するかもしれません。ですが、家事・育児を全て妻任せにすることもリスクがあります。

やりたい仕事ができなかったり、自分の時間が取れなかったりすることは、妻にとって大きなストレスになります。もし妻がそれに耐えきれず、両立するための妻の心が折れてしまったら、不本意ながら、妻は仕事を辞めることになるでしょう。もしそうなれば、家計の面でも1人分の収入がばったりとなくなってしまいます。

家族の幸せを考えたとき、どちらの方がよりリスクが高いかというと、私は後者だと思います。たとえ多少夫の収入が下がったり昇進が遅れたりしても、2人で働き続ける道を選んだ方がよいのではないでしょうか。

育児休業を夫の家事・育児力の強化期間に

ここで、著者の私自身のことを少しお話しさせていただきます。私には現在3歳の長男と1歳の長女の2人の子どもがいて、職場の受け入れ体制が整っていたこともあり、長男が生まれたときに約2か月、長女が生まれたときに約1か月の育児休業を取得しています。

長男のときは、妻が育児休業から復帰する直前の2月から4月にかけて私が育児休業を取得し、「共働き子育て体制」を確立するための助走期間として活用しました。

復帰前の約2か月は私が中心になって家事・育児を行い家事・育児のスキルアップを図る一方で、妻は育休期間中の最後の2か月を使って、職場復帰に向けてセミナーに出て情報をキャッチアップするなど、仕事の「勘」を取り戻すための時間に充てました。

また、2月から3月にかけては保育園の合否通知が送られてくる時期でもあり、二次募集や認可外の保育園の可能性などの検討を含め、新年度に子どもが通う保育園の準備を整えることができました。

育児休業期間中の経験により、私1人でも子どもの面倒をみられるようになったため、妻が職場復帰後に残業で帰りが遅くなる日があったり、出張で2～3日家を空けることがあったりしても、問題なく家庭を回していくことができました。こう書くとすごく特別なことをしているような気もしますが、子どもが生まれた後、私が残業や出張をする際には、妻が1人で家庭を回していました。私は、ただそれと同じことをしているだけです。

長女のときは、妻の退院後に約1か月の育児休業を取得し、ホームヘルパーも利用しながら、私が主に家事や上の子どもの世話をして産褥期（出産後の回復期）を乗り切りました。

2020年の春に妻は職場に復帰する予定で、また夫婦で分担しながら仕事も子育ても頑張っていこうと思っています。

現在の男性の育休取得率は6・16％（厚生労働省「平成30年度雇用均等基本調査（確報）」による）にとどまっていますが、法律上は男性であっても申請すれば必ず（1年以上の雇用見込みなどの条件を満たしている限り）育児休業を取得することができます。

政府は、男性の育休取得促進に向け、舵を切っています。まず、2020年度より、男性国家公務員につき原則として1か月以上、育休を取れるようにするため人事制度が変更されます。さらに、育休取得中の収入の目減りを防ぐため、育児休業給付金の支給額を、現在の月給の最大67％から、最大80％まで引き上げることも検討されています。

夫婦で共働きを続け、老後も現役時代も豊かな暮らしを送ることを目指すならば、夫も育児休業を取得して、ともに家事・育児を担う体制を整えることがとても重要だと思います。

第4章

多様な生き方、ライフスタイルと年金

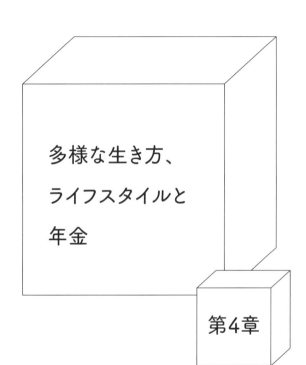

1

独身を貫くと年金はどうなる？

35歳未婚男性4人のうち結婚するのは1人だけ？

現在、35歳の私たちのうち、男性の約4割、女性の約3割は未婚です。

これまで、本書では夫婦（と子ども）の世帯を中心に、生涯賃金や年金額についてシミュレーションを行ってきましたが、自分は結婚するつもりはない、または、いつかは結婚したいけれども将来はわからない、という方もいるでしょう。

内閣府は、15年後、私たちが50歳になる２０３５年の「50歳時の未婚割合」を男性28・9％、女性18・5％と推計しています。数年前まではこの50歳時の未婚割合をもって「生涯未婚率」と呼ばれていましたが、50歳までに結婚しなかったら生涯未婚だとする決めつけに対する反発があったこともあり、政府は今では「生涯未婚率」という言葉を使わないようにしています。

さて、この内閣府の推計通りであれば、２０２０年現在35歳の未婚男性のうち、２０３５年に50歳になるまでに結婚するのは４人のうち１人だけ、同じく35歳の未婚女性であれば３人のうち１人だけ、という計算になります。

図表4-1　50歳時の未婚割合の推移と将来推計

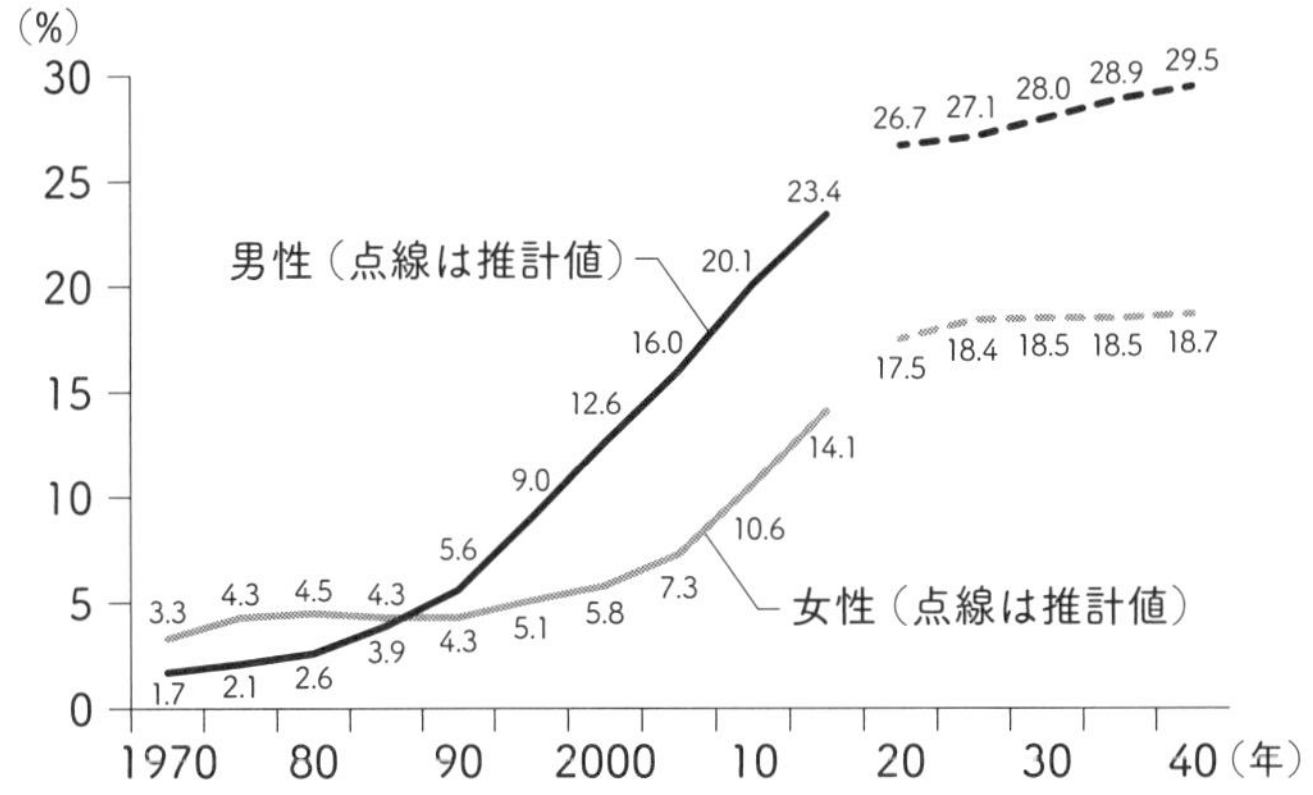

（資料）1970年から2015年までは各年の国勢調査に基づく実績値（国立社会保障・人口問題研究所「人口統計資料集」）
2020（平成32）年以降は推計値（「日本の世帯数の将来推計（全国推計2018年推計）」を基に内閣府作成。）であり、2015年の国勢調査を基に推計を行ったもの。
（注）45〜49歳の未婚率と50〜54歳の未婚率の平均である。
（出所）内閣府「平成30年版　少子化社会対策白書」

　２０２０年に65歳になる１９５５年生まれの世代では、50歳時の未婚割合（２００５年時点）は男性16・０％、女性７・３％と今よりも低かったため、夫婦２人分の年金額で夫婦２人で暮らす、モデル世帯という考え方で、まだほとんどの世帯を説明することができました。

　しかし、私たちの世代は以前より、未婚のまま中高年を迎える人の割合が多くなりそうで、その場合、いったい年金はどのようになるのでしょうか。

図表4-2　年金支給額の計算式（金額は2019年度の例）

年金額（年額）＝ 基礎年金 ＋ 厚生年金

$$基礎年金 = 780{,}096円 \times \frac{20歳以上60歳未満の年金納付期間}{40年}$$

厚生年金 ＝ 生涯賃金 × 0.5345％（注）

（注）0.5345％の給付率については図表2-5を参照。
（出所）法令等をもとに大和総研作成

年金は個人単位

実は、公的年金は、世帯単位で支給されるものではなく、個人単位で支給されています。第2章で紹介した年金支給額の計算式は図表4－2のようなもので、夫婦の世帯であれば、これにより算出された金額が夫と妻のそれぞれに支給され、その合計が世帯としての年金額になります。単身世帯であれば、単純にこの算式で計算した自分の年金額がそのまま世帯としての年金額になります。

厚生年金に加入している（または厚生年金加入者の被扶養配偶者である）ことを前提とすれば、どのような世帯構成であっても、1人あたりの基礎年金額は変わらず、「世帯員1人あたり」の生涯賃金が同じであれば、1人あたりの厚生年金の金額も同じになります。

このことを、厚生労働省は次のような図表（図表4－3）を使い「賃金水準（1人あたり）が同じであれば、どの世帯類型でも年金月額」は同じ、と説明しています。

図表4-3　公的年金の負担と給付の構造（世帯類型との関係）

賃金水準（1人あたり）が同じ世帯における公的年金の負担と給付の構造（図による例示）

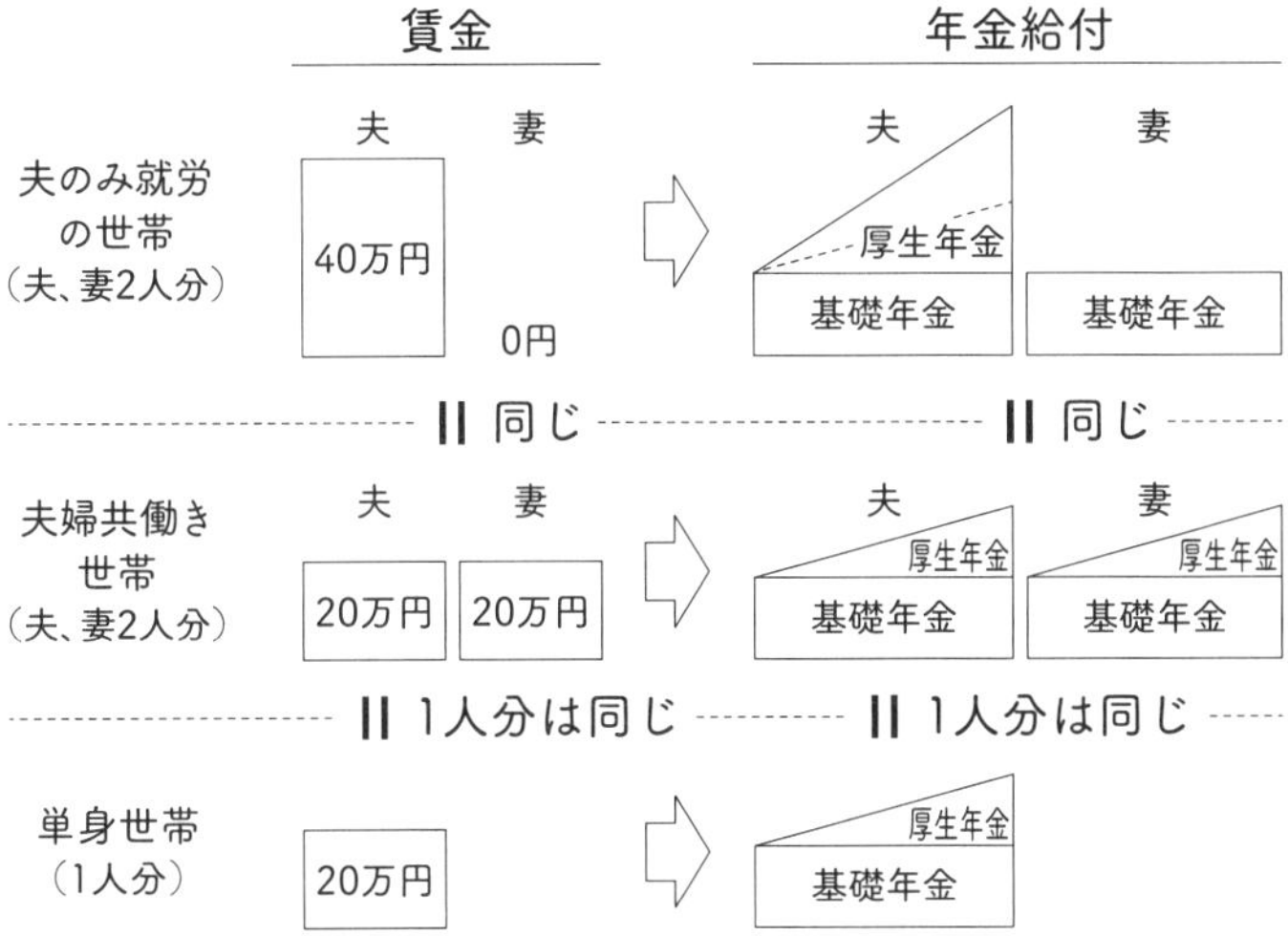

（出所）厚生労働省「2019（令和元）年財政検証関連資料」

夫のみが月収40万円を得る世帯と、夫婦ともに月収20万円（合計で月収40万円）を得る世帯では、支払う保険料も受け取る年金額も原則同じになるのです（ただし、夫婦の年齢差や遺族年金を考慮すると若干変わってきます）。

単身世帯は1人あたりの生活費が割高

すなわち、公的年金は個人単位なので、夫婦2人の世帯も単身世帯も1人あたりでみれば（1人あたりの生涯賃金に応じた）同程度の年金額が支給されることになるわけですが、ここでひとつ問題があります。

それは、「1人あたり」でみると、単身世帯の生活費は夫婦2人の世帯よりも割高になることです。

人数の異なる世帯の間で家計の豊かさを比較するとき、国際的には、1人あたりの可処分所得（手取り収入）ではなく、世帯合計の可処分所得を世帯人数の平方根で割った「等価可処分所得」を使うことが一般的です。

これは、世帯人数が増えても、必要な生活費は人数の平方根程度にしか増えていかない、という考えに基づくものです。すなわち、世帯人数が1人から2人に増えても、生活費は$\sqrt{2}$倍、すなわち、1・414倍くらいにしか増えないということです。逆に言うと、世帯人数が2人から1人に減っても生活費は半減するわけではなく、1／$\sqrt{2}$倍≒0・707倍くらいまでしか減りません。

これを年金に置き換えると、夫婦2人で年間300万円の年金で暮らす世帯と同水準の生活水準を単身世帯が確保しようとすると、

300万円×0·707≒212万円

もの年金が必要という計算になります。

しかし、先ほど説明した通り、公的年金は個人単位なので、夫婦2人の世帯も単身世帯も1

人あたりでみれば（１人あたりの生涯賃金に応じた）同程度の年金額が支給されるにすぎません。夫婦２人の世帯と比べて０・７倍の生活費が必要なのに、年金はざっくり言って半分となるわけですから、どうしても生活が苦しくなりがちなのです。

「等価可処分所得」が全国平均の半分に満たない「相対的貧困」状態にある世帯数の割合は高齢の夫婦のみの世帯では15・3～15・4％ですが、単身の高齢男性で29・2％、単身の高齢女性では46・2％に及んでいます（図表４－４）。

図表4-4　高齢者（65歳以上）の相対的貧困率（2015年）

（％）

	男性	女性
単独世帯	29.2	46.2
夫婦のみの世帯	15.3	15.4
三世代世帯	8.5	10.6

（出所）阿部彩（2018）「日本の相対的貧困率の動態：2012年から2015年」科学研究費助成事業（科学研究費補助金）（基盤研究（B））「「貧困学」のフロンティアを構築する研究」報告書

経済状況が悪化すると単身高齢者の貧困が深刻に

図表４－５は、第２章で試算した、私たちが65歳になる２０５０年度の１人分の年金額の試算を再掲したものです。第２章ではこれらのパターンの夫婦の組み合わせで世帯の年金額がどうなるかをみてきましたが、ここに表示された１人分の年金額で老後に１人で暮らすことを

図表4-5　グループ別の1985年度生まれ世代の2050年度の年金額の試算（図表2-16再掲）

グループ		年金額（万円）			
		（参考）2019年度現在	目標シナリオ	国力維持シナリオ	衰退シナリオ
①	高収入男性	281	345	286	239
②	高収入女性	249	303	251	212
③	中収入男性（モデル世帯男性）	188	222	185	160
④	中収入女性	169	197	164	144
⑤	低収入男女	126	140	117	108
⑥	出産退職パート復帰	105	112	94	90
⑥'	出産退職後専業主婦	89	91	76	76
	（モデル世帯女性）	78	77	65	67

（注1）網掛けは2019年度現在より年金額が多いことを意味する。
（注2）諸前提は図表2-16参照。
（出所）大和総研試算

イメージすると、また随分と違った見方になるかと思います。

例えば、国力維持シナリオの下で、③中収入男性はほぼ２０１９年度現在と同程度の年金額となりますが、その水準は１８５万円にすぎません。私たちの時代の大卒初任給は月20万円ほどで、賞与や残業代などを含まずに年収は２４０万円ありました。初めて社会人になったとき、初任給の範囲で独り暮らしをすると生活費がギリギリだった記憶がある方もいるのではないかと思いますが、１８５万円というと、その水準の８割弱にとどまります。

さらに、経済状況が悪化し「衰退シナリオ」となると年金額は１６０万円まで減ります。現在、都心部の高齢単身世帯の生活保護費が年１６０万円（２０１８年10月現在）ですので、全く暮らせないほどではないものの、かなりの程度まで生活水準を落とす必要がありそうです。

③中収入男性の場合ですらこの金額ですから、それより生涯賃金が低い⑤低収入男女ではより深刻になります。「国力維持シナリオ」の下でも年金額は１１７万円と、現在の地方における高齢単身世帯の生活保護費と同程度にとどまります。「衰退シナリオ」ではわずか１０８万円と、地方での生活保護費までも割り込む水準となり、家賃を払っていては到底暮らせそうにない金額です。

現時点でも既に独り暮らしの高齢者が年金だけで生活することは厳しく、経済状況が悪化するとそれはいっそう深刻になってしまうのです。

「結婚」に限らずとも「ともに暮らす仲間」をみつける

単身の場合は、既婚者と比べて年金だけで生活することが厳しくなりがちなので、年金以外にも個人的な蓄えをより多く準備した方がよいでしょう。資産形成のポイントについては、第5章で説明します。

ただし、単身世帯の年金の不足分を全て金融資産で賄おうとすると、かなりの金額が必要になります。

例えば、現在のモデル世帯年金額の266万円相当の生活費を単身世帯に換算すると、0・707倍した188万円が必要ということになりますが、③中収入男性の衰退シナリオの下での年金額は160万円と、年28万円足りません。もし95歳まで生きることを想定するならば、必要な金融資産は 28万円 × 30年で、840万円となります。

これに対し、夫婦でなくとも、2人分の年金で2人で暮らすことができれば、老後の見通しは随分と明るくなります。

例えば、③中収入男性が2人集まれば、衰退シナリオの下でも年金額は年320万円となり、現在のモデル世帯の年金額266万円を上回る計算になります。ともに暮らす仲間を手に入れることは、生活水準で言うと840万円を貯めるのと同等以上の価値があるともいえるのです。

今すぐにともに暮らす仲間をみつける必要はありませんが、シェアハウスで暮らして他人と一緒に生活することに慣れたり、親戚や友人などと親密な関係を保っておくことなども、老後のための準備といえるでしょう。

2 老後に配偶者に先立たれたら年金はどうなる？

モデル世帯では遺族年金は手厚かった

夫婦2人分の年金で生活していても、どちらかが亡くなった後は生活が苦しくなるのでは、と思った方もいたかと思います。実は、モデル世帯では遺族年金が手厚かったため、夫婦のうちどちらかが亡くなった後も年金はそれほど多くは減りませんでした。しかし、共働きで夫婦の生涯賃金がほぼ対等だと遺族年金はほぼ支給されず、年金は2人分から1人分にほぼ半減してしまいます。

遺族年金には、「現役時代の保障」と「老後の保障」の2つの機能がありますが、まずは老後の保障の方から解説していきます。

図表4－6は、夫婦とも年金の受給を開始した後に夫婦のいずれかが死亡した場合、年金額がどう変わるかを示したものです。

老齢基礎年金は1人あたり定額の年金ですので、夫婦のうち一方が死亡した時点でその一方の分の老齢基礎年金は支給がなくなります。

厚生年金についても、原則個人単位の支給のため、配偶者が死亡した時点で配偶者の老齢厚生年金はなくなります。ただし、年金額の急減を抑えるため、配偶者死亡後の厚生年金額は、①配偶者の老齢厚生年金の4分の3、②夫婦合計の老齢厚生年金の2分の1、③自分の老齢厚生年金――のうちいずれか多い額となり、このうち自分の老齢厚生年金を上回る部分が「遺族厚生年金」として支給されます。

この図表をみてカンのいい方なら気づいたかもしれませんが、配偶者と自分の年金額がイコールか、もしくは配偶者より自分の年金額の方が多かった場合は、①と②の金額はいずれも③を上回りません。すなわち、遺族厚生年金は1円も支給されません。つまり、遺族厚生年金は、夫婦のうち老齢厚生年金が少ないほう、すなわち生涯賃金が少ないほうが遺された場合に限って支給される、ともいえます。

具体的にモデル世帯の場合に、配偶者死亡後の年金額を示したものが図表4－7です。モデル世帯は、夫が厚生年金に40年間加入し妻はずっと専業主婦という設定で、2019年度の夫婦の年金額は266万円です。夫が死亡した場合、妻に支給される厚生年金（遺族厚生年金）

図表4-6　配偶者が死亡したら年金額はどう変わる？

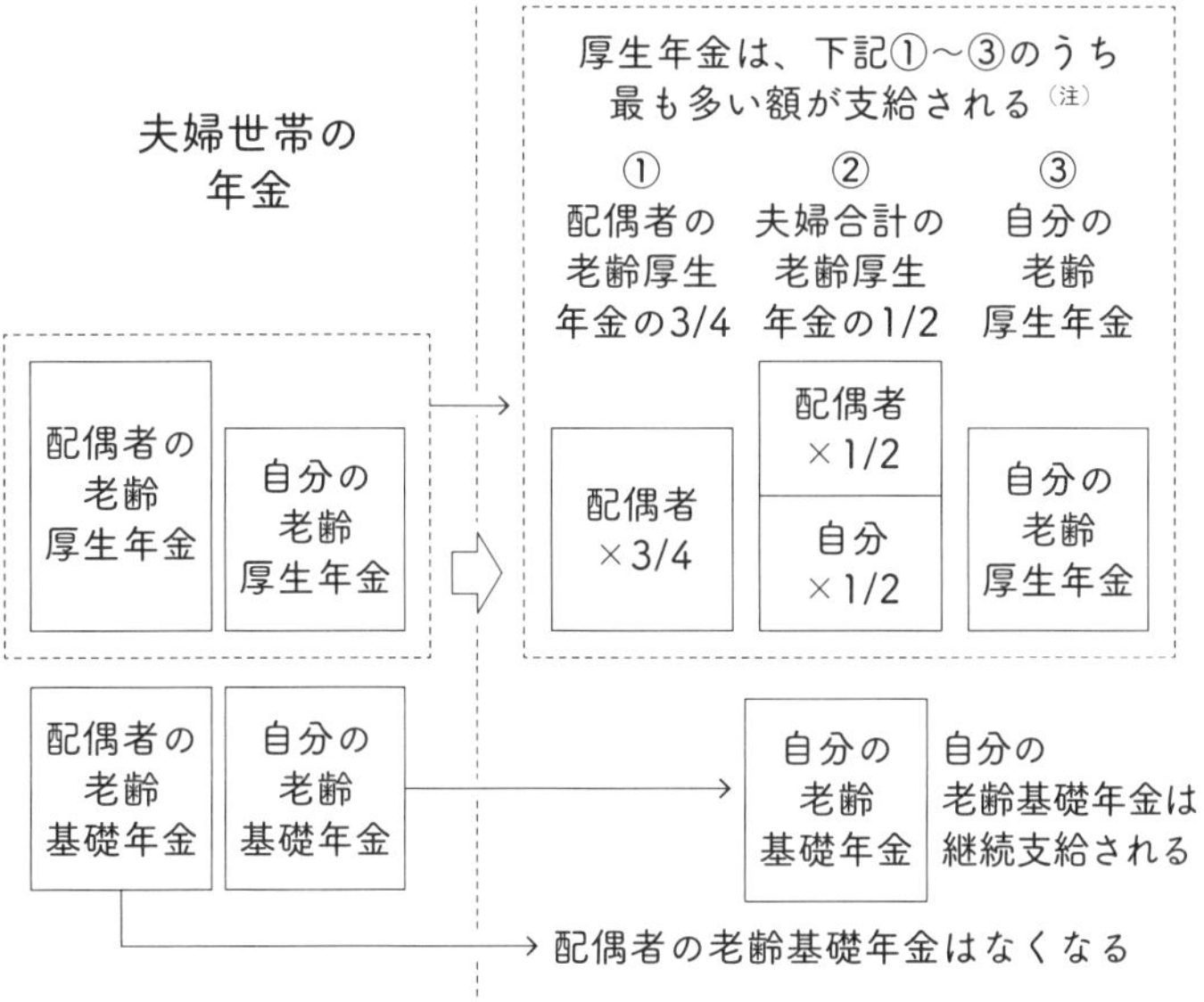

（注）配偶者が厚生年金に25年以上加入している場合に限る。①か②の場合、自分の老齢厚生年金を上回る部分が遺族厚生年金として支給される。
（出所）法令等をもとに大和総研作成

は①の配偶者の老齢厚生年金の4分の3の83万円となり、妻の老齢基礎年金78万円と合わせて、計161万円（夫婦のときの年金額の61％）となります。

妻が死亡した場合、夫に支給される厚生年金は③の自分の老齢厚生年金の110万円となり、夫の老齢基礎年金と合わせて計188万円（夫婦のときの年金額の71％）となります。

夫婦のいずれかが死亡したら老齢基礎年金は自分の分だけの半分になります

図表4-7　モデル世帯の場合

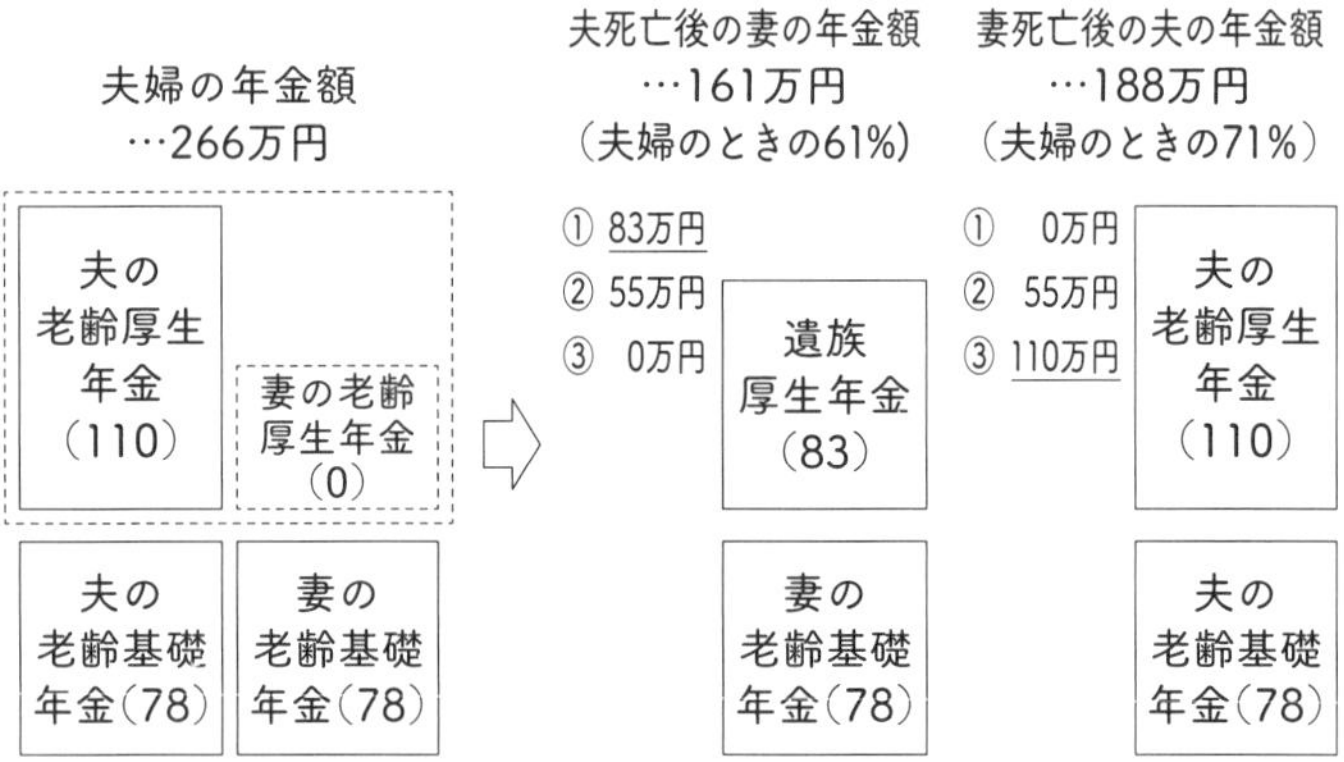

（注）年金額の水準は2019年度のモデル世帯の金額に基づく。この例では、実際には妻死亡後の夫は遺族厚生年金の受給資格がないため①と②の計算は行われない。
（出所）法令等をもとに大和総研作成

が、モデル世帯においては、老齢厚生年金は、妻が死亡した場合は（妻の老齢厚生年金はもともとゼロであるため）まったく減らず、夫が死亡した場合も４分の３が支給されます。このため、モデル世帯では夫婦のいずれかが亡くなっても年金額は半分までは減らず、６～７割が確保されるのです。

「夫婦対等」なら配偶者死亡後に年金はほぼ半減

共働き世帯について、配偶者死亡後の年金額の変化を示したものが図表４－８です。こちらの年金額は、③中収入男性と④中収入女性の夫婦の、国力維持シナリオ（ケースV）における２０５０年度の年金

図表4-8　共働き世帯の場合

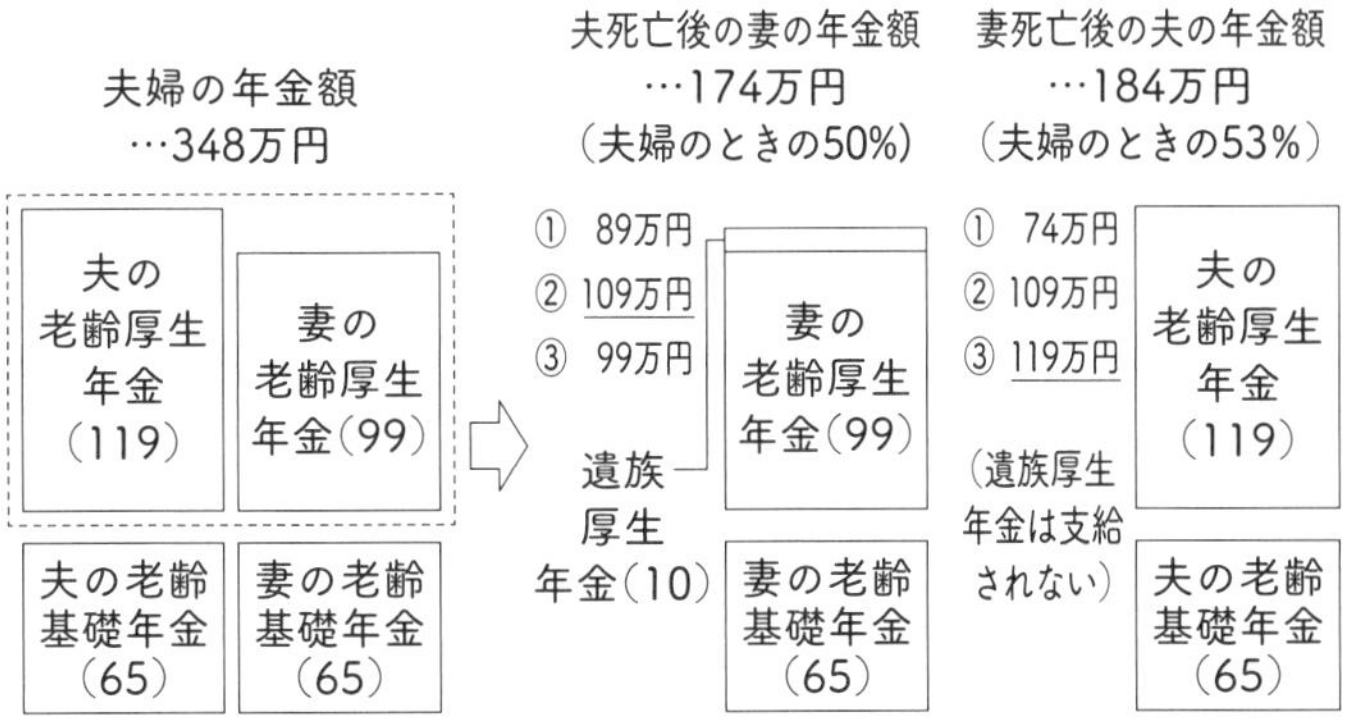

（注）年金額の水準は図表2-18における2050年度の「国力維持シナリオ」における③中収入男性と④中収入女性の夫婦の金額に基づく。
（出所）大和総研試算

額（図表2－18、91ページ参照）の、年348万円を出発点としました。
この夫婦の場合、老齢厚生年金の金額は夫119万円、妻99万円と20万円しか差がありません。このため、夫が死亡して年金額が少ない方の妻が遺された場合であっても、妻に支給される遺族厚生年金は、わずか年10万円となります。夫死亡後の年金額は174万円となり、夫婦のときの半分にまで減ってしまいます。

妻が死亡した場合に、夫に遺族厚生年金が支給されないのはモデル世帯の場合と変わりませんが、こちらの世帯では元々の妻の老齢厚生年金が年99万円もあるため、それがなくなることのダメージは大きく、妻死亡後の年金額は184万円と、夫婦のときの53%に減ります。

図表4-9　配偶者死亡後の厚生年金額
（夫婦の年金額に対する比率）

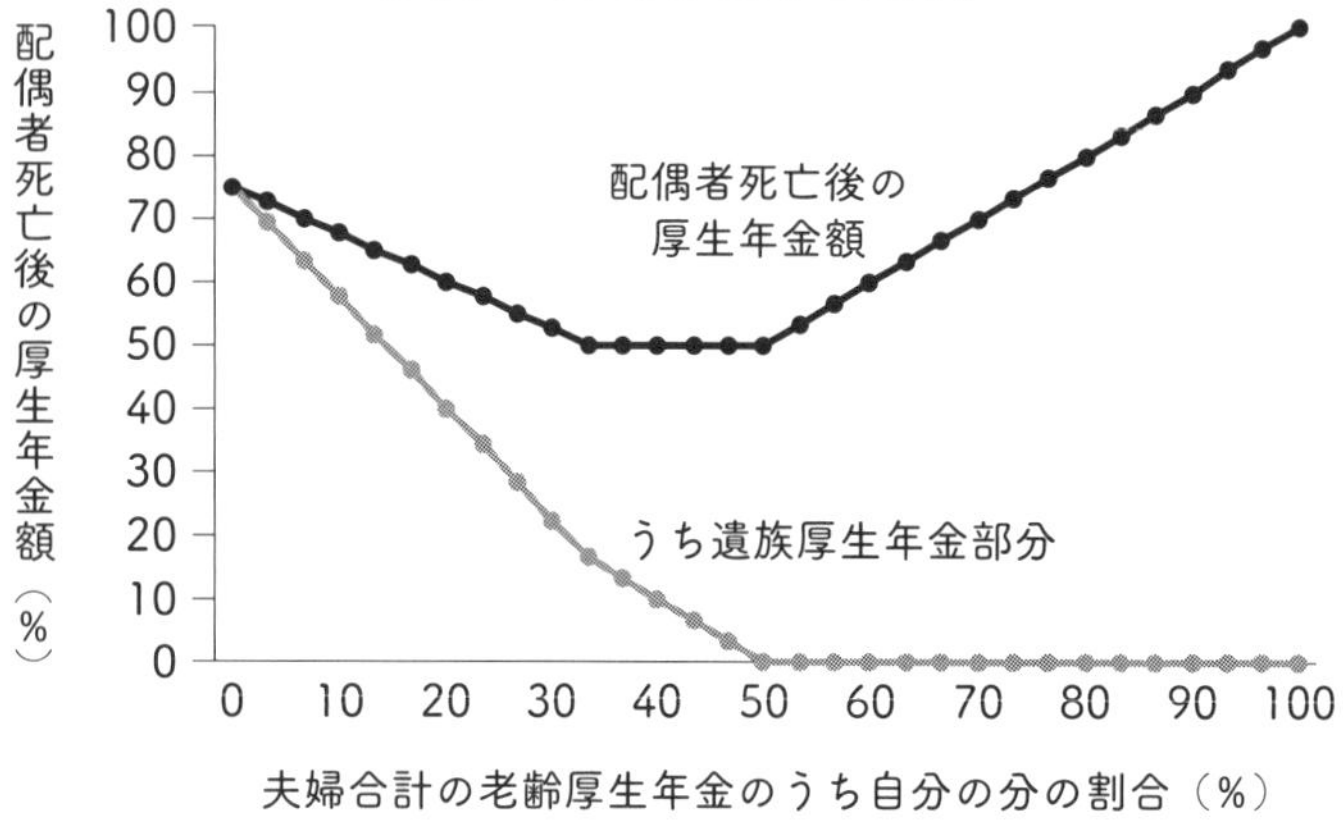

（注）夫婦のうち老齢厚生年金額が少ない方について、遺族厚生年金の受給資格が生じることを前提とした。
（出所）法令等をもとに大和総研作成

配偶者死亡後の厚生年金の額がどの程度になるかは、夫婦の老齢厚生年金額のバランスによって変わります。これを一般化したものが図表4－9です。

夫婦の老齢厚生年金額が均衡していればいるほど、配偶者の死亡後に厚生年金額は大きく減ってしまいます。

夫婦共働きを続けた場合、夫婦2人のときの年金額は十分な水準が確保されることが多いものと考えられますが、配偶者の死亡後に気をつける必要があり、この点は資産形成で補っていく必要がありそうです。

コラム

事実婚・同性カップルと年金

２０２０年度の税制改正では、ひとり親の貧困に対処するため、配偶者と離別・死別した親だけでなく、未婚のまま親となった者にも「寡婦控除」を認める改正が行われます。これまで、日本の税制では法律上の結婚の有無が重視されてきましたが、「多様な家族のかたち」を認める大きな一歩を踏み出したものと思います。

一方で、社会保障制度では、籍を入れない「事実婚」の配偶者も扶養に入れられたり、遺族年金を受給できたりするなど「多様な家族のかたち」に配慮した規定が多数あります。しかも、そのルーツは最近のことではなく、平成、昭和のさらに前、大正12年（１９２３年）の工場法改正にさかのぼります。

戦前の民法の下では戸主（家長）の同意がなければ結婚できなかったり、家の跡取り同士は結婚できなかったりするなどの縛りがあり、夫婦となる合意がありながらも届出を行えず「事実婚」にとどめることも少なくありませんでした。工場法の改正では、労働者が労働災害で死亡した場合に工場主に遺族および「本人ノ死亡当（当）時其ノ収入ニ依リ生計ヲ維持シタル者」を扶養することを求め、事実婚の夫婦の生活も守ろうとしたのです。

現在の厚生年金保険法の前身である労働者年金保険法が昭和16年（１９４１年）に制定された際も、遺族年金の対象に事実婚の配偶者が明記されていました。事実婚の配偶者にも遺族年金を支給する理由は「互いに協力して社会通念上夫婦としての共同生活を現実に営んでいた者にこれを支給することが、遺族厚生年金の社会保障的な性格」や「労働者の死亡について保険給付を行い，その遺族の生活の安定と福祉の向上に寄与するという法の目的」（平成19年3月8日最高裁判所第一小法廷判決文より）に合っているためです。

もっとも、事実婚の配偶者も守ろうとする年金制度ですが、現在のところ、その「配偶者」は異性であることが大前提で、同性のパートナーは、たとえ長年一緒に暮らしていても遺族年金の対象とはなりません。同性カップルは年金制度の遺族補償から排除されているのです。

同性カップルに限らず、139ページでみた通り、単身の高齢者の貧困が深刻化する可能性があり、今後、未婚の中高年は夫婦に限らず老後を一緒に暮らす仲間をつくることが大事になっていきます。

私は、遺族年金の支給対象を配偶者に限らず、ともに暮らす高齢者同士の生活を支えられるような制度に改めるべきときがきていると思います。

3 現役時代の保障は遺族年金と生命保険の組み合わせで

「高校生以下の子どもがいる世帯」と「夫に先立たれた妻」が支給対象

続いて、遺族年金の「現役時代の保障」について解説します。

まず、亡くなった方がきちんと年金保険料を支払ってきたことと、遺された配偶者が高所得でないこと（年収８５０万円未満であること）が、遺族年金支給の前提条件になります。年金保険料の未納が多かったり、遺された配偶者が年収８５０万円以上であったりする場合には、遺族年金は支給されません。

その上で、夫が亡くなった場合と妻が亡くなった場合の現役時代の保障としての遺族年金の支給条件について示したものが図表４－10です。

遺族年金の現役時代の保障は、家計の稼ぎ手が亡くなってとても困ることとなる「高校生以下の子どもがいる世帯」と「会社員や公務員（厚生年金加入者）の夫に先立たれた妻」を対象にしています。

したがって、会社員や公務員の夫が亡くなった場合の妻への遺族補償は、原則として子ども

図表4-10 「現役時代の保障」としての遺族年金
（夫婦の世帯で、遺された配偶者の年収が850万円未満の場合）

		遺族基礎年金	遺族厚生年金（亡くなった際に厚生年金に加入していた場合のみ）
支給額（2019年度水準）		子どもの人数に応じ定額 子1人…年100万円 子2人…年122万円 （3人以上は1人につき＋8万円）	亡くなった者の平均年収に比例して支給（平均年収×13.36%[注3]）
夫が亡くなった場合	高校生以下の子どもがいる	末子の高校卒業まで支給	終身支給
	高校生以下の子どもがいない	（支給されない）	終身支給
妻が亡くなった場合	高校生以下の子どもがいる	末子の高校卒業まで支給	末子の高校卒業まで支給
	高校生以下の子どもがいない	（支給されない）	（支給されない）

（注1）亡くなった者の厚生年金加入期間が25年未満で、遺された配偶者の年齢が30歳以上55歳未満の場合。
（注2）年金額は2019年度現在のもので、万円未満四捨五入。
（注3）モデル年金の給付率21.38%（図表2-2参照）×25／40として算出。
（出所）大和総研作成

の有無にかかわらず生涯にわたって行われますが、妻が亡くなった場合の夫への遺族補償は、原則として高校生以下の子どもがいる場合に限り、子どもが高校を卒業するまでの期間限定で行われます。

支給要件が男女で異なっているのは、夫が稼ぎ妻が専業主婦となるモデル世帯を前提とした制度設計の名残です。女性は男性に比べて収入を得ることが難しいと想定されているため、たとえ子どもがいなくとも、夫が亡くなった妻への保障は手厚く設計されています。これから共働きが一般化し、男女の収入の差が縮まっていくなかで、遺族年金の男女差もいずれ見直されるものと思います。ただし、しばらくは現在の制度が続くでしょうから、現在の制度がどうなっているかも押さえておきましょう。

なお、夫に先立たれた妻であっても、夫が自営業者（国民年金第１号被保険者）であった場合の遺族補償は、原則として高校生以下の子どもがいる場合に限り、子どもが高校を卒業するまでの期間限定となります。

厚生年金に加入する夫が亡くなった場合の保障は手厚い

支給額（２０１９年度現在）は、遺族基礎年金は子どもの人数によって決まり（子ども１人なら年１００万円、２人なら年１２２万円）、遺族厚生年金は亡くなった者の生涯の平均年収

図表4-11　厚生年金に加入していた夫が亡くなった場合

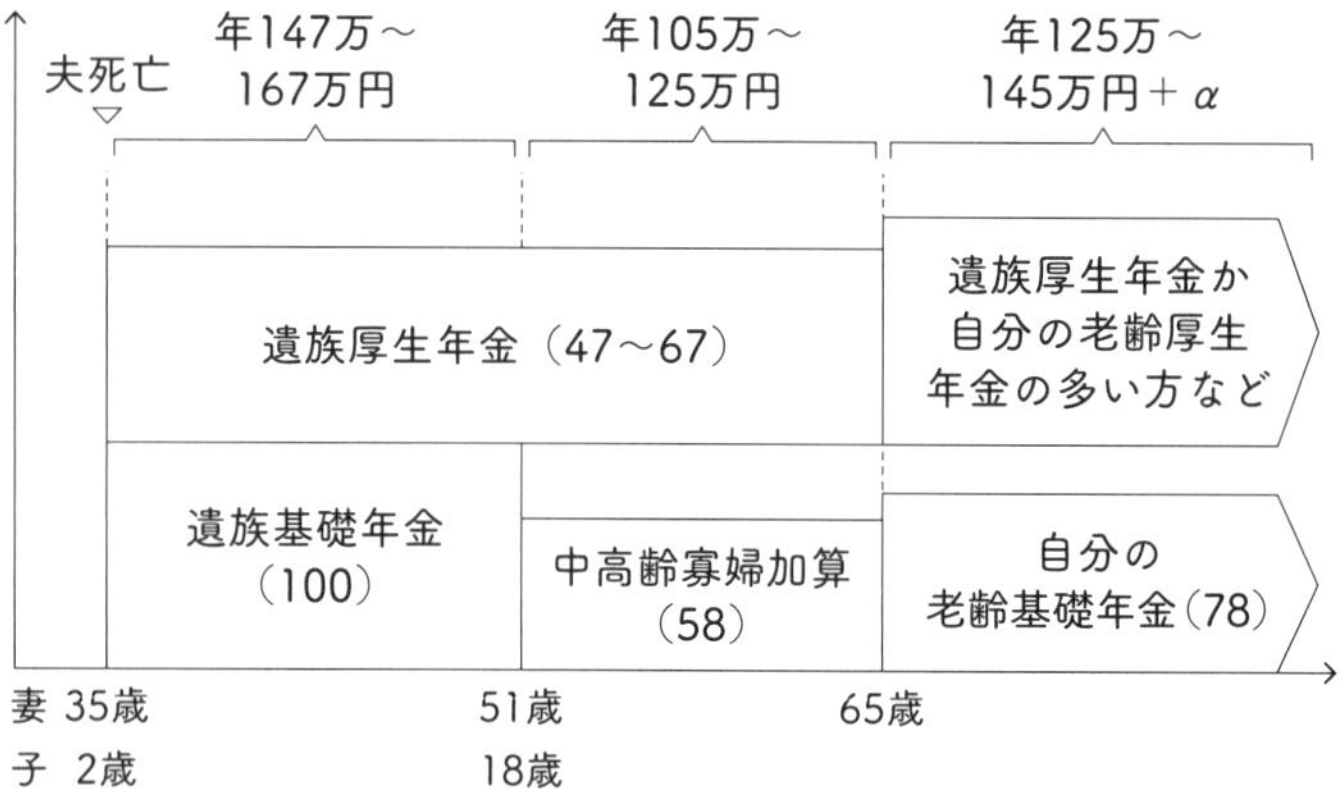

（注）夫の収入は第2章の①高収入男性～③中収入男性（62ページ参照）程度と想定した。年金額は2019年度水準のままで、将来の変動は考慮していない。
（出所）法令等をもとに大和総研試算

に比例して支給されます（生涯の平均年収×13・36％）。

具体的に、35歳の夫婦（いずれも年収850万円未満）と、2歳の子どもが1人の3人世帯において、夫または妻が死亡した場合に、どの程度の遺族年金が支給されるかをみていきましょう。

遺族年金の支給パターンは、大きく分けて、厚生年金に加入していた夫が亡くなった場合、厚生年金に加入していた妻が亡くなった場合、自営業者・主婦（夫）等が亡くなった場合、の3パターンに分かれます。

厚生年金に加入していた夫が亡くなった場合の支給額が図表4－11です。

この場合、生涯にわたって一定の保障が行われます。まず子どもの高校卒業までの間、遺族基礎年金と遺族厚生年金が支給されます。支給額は、夫が平均的収入（第2章の③中収入男性に相当）の場合で年147万円、夫が高収入（第2章の①高収入男性に相当）の場合で年167万円程度です。子どもが高校を卒業したら、遺族基礎年金の支給は終わりますが、代わりに厚生年金から「中高齢寡婦加算」として58万円の定額が支給され、遺族厚生年金と合わせて年105万～125万円となります。65歳以上になったら原則として自分の年金が支給されますが、厚生年金については遺族厚生年金の金額が最低保証されます。

夫婦とも厚生年金に加入して共働きを続けており、万一夫が亡くなったとしても妻が働き続けることを前提とすると、妻は自分の収入と遺族年金とを合わせてまずまずの水準の生活ができる保障内容になっています。公的な保育所や学童保育等に加えて、遺族年金を使ってベビーシッターやホームヘルパーなどをお願いすればなんとか働きながら子育てを続けていくこともできそうです。自分の生活費を自分で稼ぐことができれば、子どもが高校卒業後に支給される中高齢寡婦加算は、子どもの大学の学費の一部に充てられそうです（本来このような目的で支給される制度ではありませんが）。

もちろん夫が生きていたときと比べると収入は大きく落ち込んでしまうため、どの程度までカバーすべきかを考えて民間の生命保険に加入するとよいでしょう。

図表4-12　厚生年金に加入していた妻が亡くなった場合

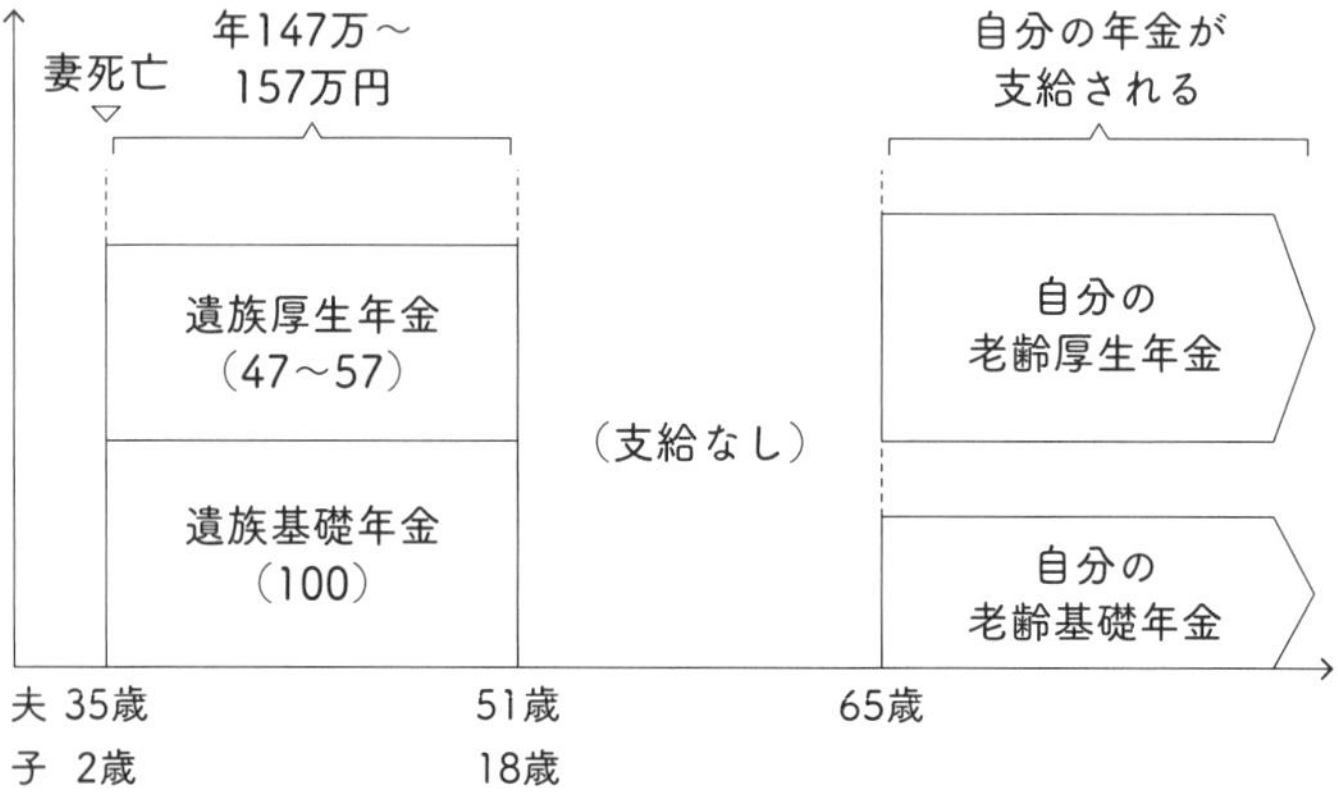

（注）妻の収入は第2章の②高収入女性～④中収入女性（62ページ参照）程度と想定した。年金額は2019年度水準のままで、将来の変動は考慮していない。
（出所）法令等をもとに大和総研試算

妻が亡くなった場合、収入減だけでなく家事・育児負担も考慮を

　厚生年金に加入していた妻が亡くなった場合の遺族年金が、図表４－12です。

　この場合、子どもの高校卒業までの間、遺族基礎年金と遺族厚生年金が支給されます。支給額は１４７万円（第２章の④中収入女性相当）～１５７万円（第２章の②高収入女性相当）程度となっています。夫が亡くなった場合の妻に支給される年金額より若干少ないですが、これは年収の違いが反映されているものです。

　子どもの高校卒業後は、夫が亡くなった場合と妻が亡くなった場合で大きく異なります。妻が亡くなった場合には夫に

遺族年金は支給されず、中高齢寡婦加算もありません。65歳以後に支給されるのも自分の老齢基礎年金と自分の老齢厚生年金であり、遺族厚生年金分の最低保証はありません。これは、たとえ生前において夫より妻の方が年収が多かった世帯であっても変わりません。

子どもの高校卒業までは、夫が亡くなった場合と妻が亡くなった場合の遺族年金額に大きな差はありません。しかし、これはあくまでお金の話であり、家事・育児の分担が妻に大きく偏っている場合、妻の死亡後に夫が１人で家事・育児をしながら今の（妻が生きているときの）収入を得続けることは難しくなる可能性があります。

妻が担っている家事・育児を全部ベビーシッターやホームヘルパーで賄おうとすると、遺族年金ではとても払いきれないほどの金額に及びます。また、妻が亡くなった場合は中高齢寡婦加算は支給されませんので、夫が亡くなった場合と異なり、この分を大学の学費等に充てることもできません。

これらを考慮すると、厚生年金に加入して共働きを続ける夫婦の場合、民間の生命保険では、妻の死亡保障は夫の死亡保障よりも１０００万円から２０００万円程度多めにしておくとよいと思います。

また、そもそも夫婦の家事・育児の分担が偏っている状況そのものが、万一のことがあった際のリスクともいえます。夫婦で均等に近く家事・育児を分担していれば、一方に万一のことがあった際の生活の激変を抑えることもできます。

図表4-13　自営業者や主婦等が亡くなった場合

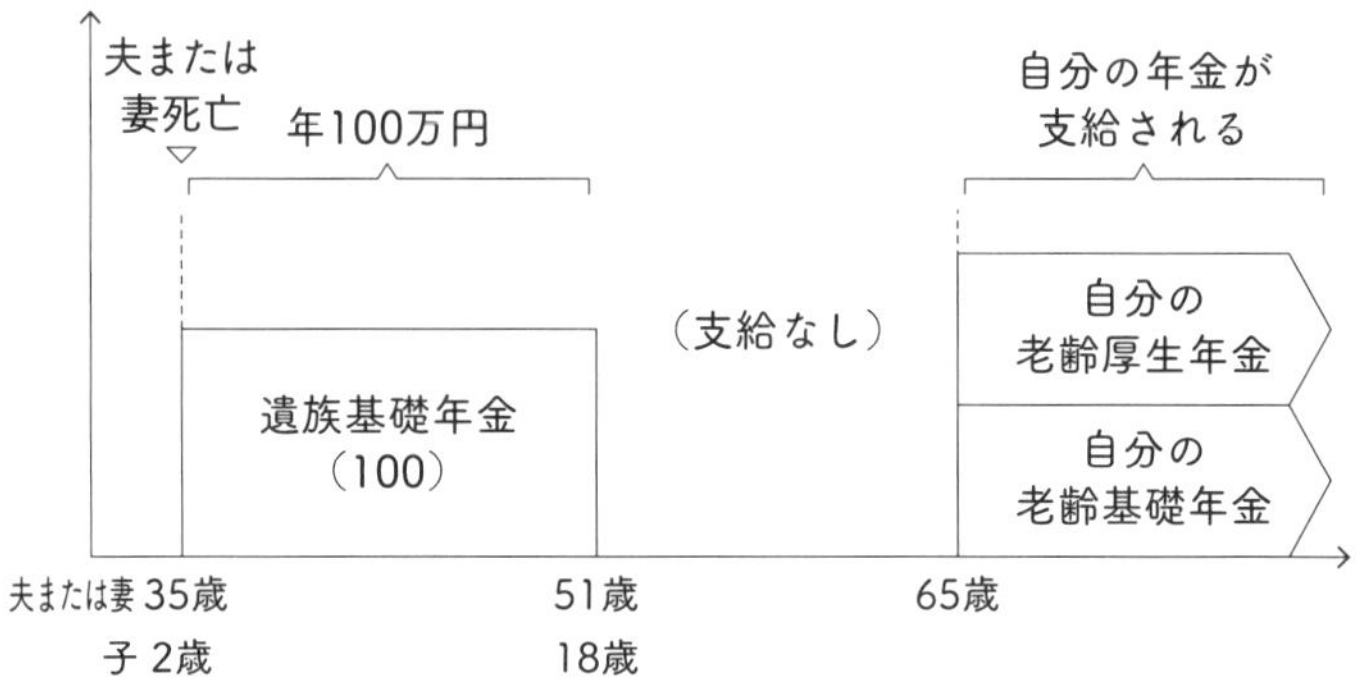

（注）年金額は2019年度水準のままで、将来の変動は考慮していない。
（出所）法令等をもとに大和総研作成

自営業者や主婦（主夫）等が亡くなったときの保障は少ない

自営業者・主婦（主夫）等が亡くなった場合の支給額が図表４－13です。この場合、子どもの高校卒業までの間、遺族基礎年金の年１００万円だけが支給されます。子どもの高校卒業後は遺族年金は支給されず、自分が65歳以後になっても自分の老齢基礎年金や老齢厚生年金を受け取るのみです。

遺族年金による保障が少ないため、自営業者や主婦（主夫）等が亡くなった場合の保障は、民間の生命保険を中心に設計する必要があります。

妻が専業主婦であっても、子どもがいる場合は、妻が死亡したときのための生命保険は必要だと思います。妻が専業主婦の世帯は家事・育児のほとんどを妻が担っているはずで、妻が亡くなった場合、夫が1人で家事・育児をしながら今の（妻が生きているときの）収入を得続けることが難しくなる可能性があるためです。子どもの年齢や保有している資産の額などにもよりますが、妻が専業主婦であっても、いくらかは妻の死亡保障があった方がよいと思います。

年収８５０万円以上になったら生命保険を見直そう

35歳の時点ではかなり少数ではありますが、（世帯でなく）個人としての年収が８５０万円以上ある場合、自分の収入だけで十分生活できる高所得者とみなされ、配偶者が亡くなっても遺族年金を受け取ることができません。しかも、遺族年金の有無の判定は、原則として配偶者が亡くなる前年の年収で判断されるため、配偶者が亡くなった後に残業ができなくなるなどして年収が８５０万円未満に落ち込んでも、遺族年金が復活することはありません。

年収が８５０万円以上でも、高校生以下の子どもがいれば、高校卒業までは遺族厚生年金が支給されます（この場合、子どもが受給者になります）が、その額は年47万〜67万円程度（配偶者の収入が第2章の①高収入男性〜④中収入女性程度の場合）にとどまり、年収が８５０万円未満である場合と比べて大幅に少なくなります。

このため、夫婦いずれかの年収が８５０万円以上となったら、必要な保障が確保できているかどうか、生命保険を見直すとよいでしょう。

4 年金の繰り上げ・繰り下げ受給をどう考えるか

年金は繰り上げれば減額、繰り下げれば増額

これまで公的年金の支給開始年齢は「65歳」を前提としてきましたが、実は、支給開始年齢は60歳から70歳までの間で自分で自由に選択することができます（この選択は60歳以後に行います）。

基準となる65歳より前に年金の支給を受けることを「繰り上げ受給」、65歳より後に年金の支給を受けることを「繰り下げ受給」といいます。政府は繰り下げ受給の選択肢をさらに拡大し、75歳から受け取ることも可能にすることを現在検討しています。

支給開始年齢を選べるならなるべく早くから受け取った方が得だと思うかもしれませんが、その点はきちんと調整が行われています。

1年あたりの年金の支給額は、早く受け取り始めるほど少なく、遅く受け取り始めるほど多

くなるよう調整されます。現在検討中の政府案では、65歳を基準に1年繰り上げるごとに年金は4・8％減額、1年繰り下げるごとに年金は8・4％増額とすることとしています。減額・増額の割合は、各年齢時点での平均的な死亡確率などに基づいて、いつ受け取り始めてもトータルの年金支給額の「期待値」が同程度になるよう設計されています。

期待値は同程度だが、子や孫のことを考えれば「繰り下げ」がよい

期待値が同程度ならいつ受け取り始めてもよいと思うかもしれませんが、働いて収入を得ることができたり、資産がある程度あったりするような場合は、当面は勤労収入や資産の運用益や取り崩しによって収入を賄い、年金の支給をなるべく遅らせた方がよいと思います。

繰り上げ受給により60歳から「減った年金」を受給しつつ、勤労収入や貯蓄の取り崩しも合わせて生活費を賄っていた場合、もし比較的早く（夫婦ともに）亡くなった場合は、自分の子どもや孫にある程度の資産を残せるかもしれません。しかし、逆に想定より長生きして、勤労収入も得られず貯蓄も底を尽いてしまった場合は、その後、生涯「減った年金」だけで暮らしていかなければならなくなります。その状態で介護が必要になったりすると、自分の子どもや孫にかなりの迷惑をかけてしまうかもしれません。

これに対して、繰り下げ受給を選択して70歳までは勤労収入や貯蓄の取り崩しで賄った場

図表4-14　繰り上げ受給・繰り下げ受給のイメージ

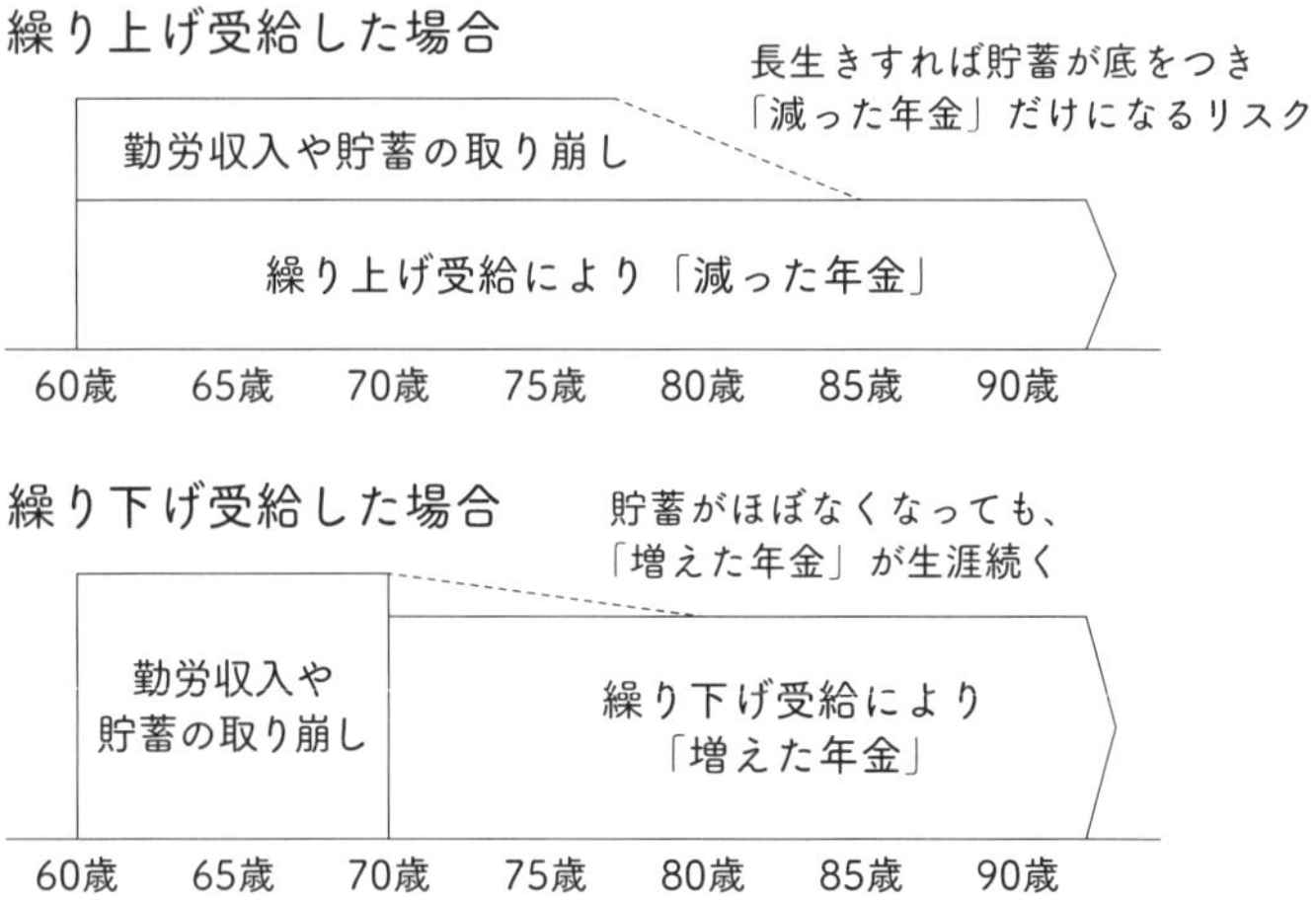

（出所）大和総研作成

合、70歳時点で貯蓄はほぼなくなり勤労収入を得ることも難しくなっているかもしれません。しかしその後は生涯、繰り下げ受給により「増えた年金」で暮らしていくことができます。もし介護が必要になっても、「増えた年金」の範囲で介護費用を賄うこともできるかもしれません。こちらは、（70歳以後に亡くなった場合）子どもや孫に残せる資産はほとんどないかもしれませんが、子どもや孫に大きな心配をかけることもないものと思います。

自分たち夫婦だけでなく、子どもや孫のことを考えるのであれば、収入や資産がある限り、なるべく年金の支給開始年齢は繰り下げた方がよいのではないでしょうか。

とはいえ「繰り下げ」をあてにするべきではない

年金の支給開始年齢を繰り下げると、年金額は大きく増えます。政府の現在の案をベースとすると、65歳支給時の年金額を１００とすると、70歳支給開始なら年金額は１４２、もしも75歳支給開始なら年金額は１８４と、なんと2倍近くにまで増えます。

第3章で試算した、１９８５年生まれの世代の妻の今後の働き方別の夫婦世帯の年金額の平均像につき、支給開始年齢を70歳または75歳とするとどう変わるかを示したものが図表４－15です。

70歳支給開始であれば、妻が今後ずっと扶養のままであり、かつ、経済が衰退シナリオをたどっても、なお、年３６２万円もの年金を確保できる計算になります。これが75歳支給開始であれば、年金額は年４６９万円にもなります。

したがって、計算上は、夫が70歳かそれ以上まで働き続けられるなら妻が扶養のままであっても老後は安心、ということにはなりますが、私は今から繰り下げをあてにすべきではないと思います。今、夫婦で働けるかは今の努力次第でなんとかなるかもしれませんが、（夫が）70歳まで働けるかどうかは、35年後の２０５５年になってみないと分からないためです。

長く働くことを見越して今から長期のライフプランを考えたり、健康に気をつけたりするのはよいことだと思います。しかし、いつから年金を受け取るべきかを考えるのは、「35歳」の

図表4-15　繰り下げ受給により年金はどのくらい増えるか

（年額・万円）

年金支給開始年齢	妻の今後の働き方のプラン	目標シナリオ	国力維持シナリオ	衰退シナリオ
65歳支給開始	（A）扶養のまま	341	284	255
	（B）45歳からパート復帰	357	297	265
	（C）45歳から正社員復帰	368	306	272
	（D）正社員のまま働き続ける	412	343	300
70歳支給開始（1.42倍）	（A）扶養のまま	484	404	362
	（B）45歳からパート復帰	507	422	376
	（C）45歳から正社員復帰	522	435	386
	（D）正社員のまま働き続ける	585	486	426
75歳支給開始（1.84倍）	（A）扶養のまま	628	523	469
	（B）45歳からパート復帰	657	547	487
	（C）45歳から正社員復帰	676	563	500
	（D）正社員のまま働き続ける	758	630	552

（注）年金支給開始年齢以外の諸前提は図表3-11と同様。60歳以後の勤務期間に応じた年金額の増額は考慮していない。

（出所）大和総研試算

私たちにはまだまだ気の早い話です。今できることとしては、なるべく世帯の生涯賃金が多くなるように働いていくことだと思います。

5 自営業、フリーランス、副業と年金

厚生年金に加入しない自営業やフリーランスは年金が少ない

これまで原則として、会社員や公務員として働き、厚生年金に加入するケースを中心に年金制度や年金額について解説してきました。

自営業者やフリーランスなど、厚生年金に加入せず、国民年金第1号被保険者として働く場合は、保険料は収入によらず定額で、年金給付も（きちんと納付しているとしても）定額の老齢基礎年金のみとなります。このため、公的年金により保障される金額は、現状においても厚生年金に加入する会社員や公務員よりも、かなり少なくなっています。

２０５０年度の基礎年金額の見込みは、図表４－16の通りで、目標シナリオのケースⅢでも現在よりも年金額は若干減少して夫婦２人で１５３・６万円、衰退シナリオの下では夫婦２人

図表4-16　2050年度時点の基礎年金満額の見込み

（年額・万円）

		1人分	夫婦2人分
目標シナリオ	ケースⅠ	86.4	172.8
	ケースⅡ	82.8	165.6
	ケースⅢ	76.8	153.6
国力維持シナリオ	ケースⅣ	66.6	133.2
	ケースⅤ	64.8	129.6
衰退シナリオ	ケースⅥ	67.2	134.4
（参考）2019年度現在		78.0	156.0

（注）網掛けは現状水準より減るケース。諸前提は図表2-15を参照。
（出所）2019年財政検証をもとに大和総研作成

で134・4万円まで減ってしまう可能性があります。

自営業者は所得にかかわらず保険料は定額で年金額も定額です。自営業者については給与所得者と違い、政府が所得を捕捉しにくいため、年収に比例する厚生年金の仕組みに入れると、不当に所得を低く申告して保険料を抑えたり、（遺族年金や障害年金の受給が見込まれる人につき）不当に所得を高く申告して高額の年金を受けようとしたりする可能性が懸念されたためです。

結果として、自営業者の年金額は給与所得者よりも少なくなりますが、自営業者の多くは老後もある程度の収入を得る機会と換金可能な資産を持っていることが想定されたため、それほど大きな問題にはなりませんでした。

自営業者は、会社員や公務員と異なり「定年」がないため、60歳や65歳を超えても（ある程度ペースを落としながらも）そのまま働いて収入を得ることができます。また、農家であれば農地、商店主であれば店舗、工場主であれば工場や機械など、何らかの資産を持っていることが想定されるため、事業をたたんだら、それらを貸したり売却したりして老後の生活費に充てることも想定されていました。

しかし、昭和から平成、そして令和へと時代が変わり、農家、個人商店、町工場などの「昔ながらの自営業主」はずいぶん減りました。代わりに、土地や工場などを持たなくても自分の腕一本で働いていく、システムエンジニアやデザイナー、コンサルタントなど新しいタイプの自営業者やフリーランサーが増えてきています。

自営業者やフリーランサーが高齢になっても収入を得続けられる可能性が高そうであることは昔と変わっていませんが、平均寿命が昔より長くなっていることや、土地や工場などの「仕事をするための（いざとなれば換金できる）資産」を持っていない人が増えてきていることを踏まえると、昔よりも「老後のための資産」を自分で準備する必要性は高くなっています。資産形成の仕方については第5章で詳しく解説します。

本業あっての副業と、細切れの兼業では年金は大きく違う

2018年に、厚生労働省は、「モデル就業規則」を原則として副業を禁止するものから、原則として副業を認めるものに改めました。モデル就業規則は民間企業が定める就業規則のモデルとするもので法的拘束力はありませんが、多くの中小企業はモデル就業規則を参考にして自社の就業規則を定めており、一定の影響力があるものです。

会社員が副業をすると、収入の増加やキャリア形成などの面で副業をする本人にメリットが生じるだけでなく、会社にとっても、副業をする社員の多様な交流や経験をもとに新事業・新技術が考案されるなどのメリットがもたらされる可能性があります。政府は会社員の副業促進を、経済全体の成長を高める「成長戦略」のひとつに掲げています。

もっとも、日本の年金制度は原則として1社に勤める人を前提に制度設計されてきたため、副業には十分に対応できていない面があります。

例えば、厚生年金に加入するためには、週30時間以上（大企業では週20時間以上）働かなければなりませんが、その労働時間は異なる会社間で通算されません。したがって、複数の企業で雇用されている人の場合、いずれかの企業でフルタイムに近い時間働いていれば厚生年金に加入することができますが、短時間勤務の掛け持ちの場合、合計の労働時間が週40時間を超えていても、いずれの企業でも厚生年金に加入できない可能性もあります。

短時間勤務の掛け持ちで厚生年金に加入しない場合でも、自営業者のように老後の資金をたくさん準備しておけばよいということにはなりますが、このような働き方は勤め先の企業に年金保険料を負担してもらえないため、年金制度上かなり不利です。現状の年金制度を前提とすると、まずはいずれかの企業を「本業」として、厚生年金に加入した方がよいと思います。

また、本業で厚生年金に加入している場合であっても、厚生年金保険料を納め、将来の年金給付の対象になるのは、厚生年金に加入している本業の収入分だけとなります。「副業」分の収入についてはノーカウントとなりますので、年収に占める副業分の割合が高まるにつれ、自営業者と同様に年金以外の資産形成の必要性が高まってきます。

将来的に副業をする人、複数の仕事を掛け持ちする人がもっと増えてくれば、いずれはそれらも含めたトータルの年収をベースに厚生年金加入の有無、保険料と給付などを決めるような制度改正が行われるのかもしれませんが、まだまだ時間がかかりそうです。それまでの間は、年金制度がカバーしていない分については、自分で資産形成を考えた方がよいでしょう。

6

専業主婦になりたい、専業主婦のままでいたいと思う人へ

妻が専業主婦なら夫の生涯賃金は「2倍」を目安に

私たちの世代では昔よりも女性が結婚・出産しても働き続けやすい環境が整ってきており、共働きを続ける夫婦が増えてきています。

一方で、「夫は外で働き、妻は家庭を守るべきである」という考え方に対して「賛成」または「どちらかといえば賛成」と答える人は30代の男性で37・2%、30代の女性で38・1%いて、私たちの世代でも少なくはありません（内閣府「男女共同参画社会に関する世論調査（平成28年度）」より）。性別で役割を強制することは望ましくないと思いますが、夫婦で納得した上で役割を分けることはひとつの価値観ですので、これも尊重すべきものと思います。

ただし、本書で繰り返し述べてきた通り、今後の経済状況によっては、妻が専業主婦（あるいは扶養の範囲内のパート）であるモデル世帯の年金額は大きく減ってしまう可能性がありま す。

妻が生涯専業主婦、あるいは扶養の範囲内のパート程度の働きにとどめるなかで、経済状況

が悪化しても今の高齢者並みの老後の生活を確保しようと思えば、夫の生涯賃金は男性平均のおよそ2倍が必要となります。

高収入夫と専業主婦でも意思決定と責任は２人で

第2章で紹介した①高収入男性の生涯賃金は3億8000万円と、平均的収入である③中収入男性の2億5４4万円の2倍弱あります。①高収入男性は、大企業に勤める大卒の正社員並みの賃金を想定したもので、35歳時点での年収は700万円前後です。

読者（の配偶者）のなかには、現時点でこの年収を超えている人もいるでしょう。このまま夫が大企業正社員並みの賃金カーブをたどることができれば、経済状況や妻の収入がどうであれ、少なくとも現在のモデル世帯以上の年金額は確保できそうです。

ただし、大企業の正社員だとしても右肩上がりの年収は保証されなくなっており、日本の賃金制度も旧来型の年功賃金から、働きに見合う成果主義やジョブ型の賃金体系に移行してきています。

現時点で高収入であるからといって、将来も高収入であり続けることが保証されているわけではありません。どのように働きどのように収入を確保していくのか、その責任を夫だけが負うのは酷なものです。

妻が専業主婦（または扶養の範囲内）であり続ける家庭像を選んだ場合、ほぼ夫の生涯賃金だけで夫婦2人分の年金額が決まります。働いて収入を得る、という「体を動かす主体」は夫であるとしても、どのようにキャリアアップしていくか、転職や起業を考えるか、など、どのように働いていくかの「意思決定」は夫婦2人で行い、夫の収入の増減は夫婦2人の責任として受け止めるのがよいのではないでしょうか。

高収入の専業主婦世帯は狙い撃ちされている

この30年間で、子育て世帯への支援策は拡大してきましたが、一方で、（特に高収入の）専業主婦世帯への経済的支援はむしろ縮小傾向にあることにも注意が必要です。

税制面では、かつては専業主婦を扶養している場合、配偶者控除と配偶者特別控除の両方を適用でき、夫の収入のうち76万円までを所得控除する（非課税とする）ことができましたが、2003年からは上乗せ部分の配偶者特別控除はなくなり、専業主婦を扶養する場合の所得控除は38万円までとなりました。

2018年からは、夫の収入が1120万円（2020年からは原則1095万円）を超える場合はその38万円の控除も削られ、夫の収入が1220万円（2020年からは原則1195万円）を超えると配偶者控除は全く認められなくなりました。

子どもを扶養している場合の税制上の扶養控除は児童手当や高校無償化の制度に置き換わりましたが、これらの制度の所得制限は夫1人で高収入を得る専業主婦世帯に厳しく、給付額が減ったり、制度の対象外になりやすくなっています。

夫が会社員や公務員の場合、妻本人の収入が一定以内であれば年金保険料を全く払わなくてよい第3号被保険者の制度はまだ温存されていますが、これも見直すべきとの議論は度々行われています。

女性も働きやすい環境が整ってきているなか、敢えて働かずに家事や育児に専念する専業主婦（を養える家庭）は「豊かさの象徴」であるとして、増税や負担増の標的になっているのです。

ケアは専業主婦が担うものから、プロによる効率的な供給へ

もちろん、賃金を得ていなくとも、専業主婦が担う家事・育児や介護なども立派な社会貢献です。特に、専業主婦が家庭で乳幼児を育てたり老親を介護したりした場合は、国は保育所や介護施設などの設備費、保育士や介護福祉士などの人件費を負担しなくて済みますので、財政への貢献はとても大きなものがあります。それにもかかわらず税控除や手当などの還元が少なかったり減らされたりしてしまうことは、専業主婦世帯からみれば不公平に映るものと思いま

す。

しかし、家庭で1人の専業主婦が1人や2人の子や親などをみる仕組みは、経済的な面でみれば「非効率」ともいえます。専門性を身につけたプロの保育士や介護福祉士などの職業人であれば、多くの人にケアを提供することが可能です。

例えば、10人の専業主婦がそれぞれの家庭で計15人（1家庭あたり1・5人）の子どもや老親をケアしている姿をイメージしてみてください。この10人の専業主婦のうち3人が保育士や介護福祉士になって、質を担保したまま15人（1人あたり5人）の子どもや老親のケアをできるようになれば、残りの7人は他の仕事で新たな経済価値を生み出せるようになります。その7人が納める税収で3人の保育士や介護福祉士の賃金を賄うことができれば、財政を痛めることなく10人の元専業主婦全員が収入を得ることができます。

高齢化と人口減少が進み、ケアを必要とする者の割合が高まっていくなかで日本の経済規模を維持・拡大していくためには、社会全体でケアをより効率的に供給し、経済活動に参加する人の割合を高めていく必要があるのです。政府の支援が共働き世帯に偏りがちなのは、こうした狙いがあるものと思います。

ところで、「妻は家庭を守るべきである」という考えは、本当に「外で働くべきではない」ことを意味しているのでしょうか。例えば、「子どもが好き」な女性が「自分の子どもが好きで、自分の子どもの世話だけに専念したい」のではなく、「自分の子どもに限らず、子どもの世話をすることが好き」なのであれば、今から（または、子どもが大きくなってから）でも保育士などのプロの職業人となる道を選んでもよいのではないかと思います。

第3章でも述べましたが、職業訓練給付金制度によって、過去20年以内に2年以上働いたことがあれば、専門学校などの費用の最大70％の給付金（2年制の専門学校なら最大１１２万円）を受けることができます（１１３ページ参照）。

現在、専業主婦や扶養の範囲で働いている女性でも、専門学校で専門性を身につけて、子育ての経験も踏んだプロの職業人となることもできます。この営みは、自分の希望をかなえつつ、自分の家計も日本の経済全体も豊かにすることにつながります。

コラム

ケアの「質」について

プロが供給するケアの「質」について評価することは難しいのですが、例えば、安全性については死亡事故の頻度によって数字で評価することができます。

乳幼児は自分で自分の身を守ることができず、ちょっと目を離しただけでも誤飲や窒息、転落など、生命の危険にもかかわる事故が生じかねません。

子どもを家庭でみている保護者は細心の注意を払っているのでしょうが、それでも不幸にも家庭内での不慮の事故により亡くなった1～4歳児は2018年に40人いました（厚生労働省「人口動態統計」による)。他方で、認可保育所を利用した0〜6歳児が保育中の負傷等により死亡したのは２０１８年の1年間に2人で、幼稚園ではゼロです(内閣府子ども・子育て本部「『平成30年教育・保育施設等における事故報告集計』の公表及び事故防止対策について」による)。

2人対40人という単純な人数の比較だけでなく、保育園や幼稚園に通う子どもの人数や預かり時間の差を考慮しても、家庭内より保育園や幼稚園の方が死亡事故が生じにくいと言えます。

大人1人あたりでみる子どもの人数は、家庭より保育園や幼稚園の方がはるかに多いですが、それでもプロの保育士や幼稚園教諭は、家庭内よりも安全に子どもたちをケアできているといえるのではないでしょうか。

また、東京大学の山口慎太郎准教授らの研究など、2歳半の時点で保育園に通っていた子どもは、そうでない子どもと比べて(親の学歴などの外部的要因を統計的に補正した上で)言語発達が早く多動性や攻撃性が抑えられているなど、子どもを保育園に通わせることのプラス面を実証した研究もあります(Shintaro Yamaguchi et al. "How Does Early Childcare Enrollment Affect Children, Parents, and Their Interactions?", McMaster University, Department of Economics, Working Paper Series 2017-05)。

こうしたことから、私は、きちんとした教育や研修を受けたプロの職業人であれば、家庭よりも質を落とすことなく、より多くの人のケアをすることができると考えています。

もっとも、（地方単独事業以外の）認可外保育施設では、児童数が認可保育所の１割にも満たないにもかかわらず、負傷等で亡くなった児童は認可保育所の３倍の６人もいます（２０１８年度、前述の内閣府集計による）。

もちろん全ての認可外保育施設が危険というわけではないのですが、国や自治体による財政支援もなく、資格を持った保育士の人数や施設の面積などの規制も及ばないため、質が必ずしも担保されません。子どもを安全が確保できない施設に預けてでも、共働きをしたいかと問われると、よほど困窮している人でない限りはＮＯと答えてしまうことでしょう。安心して親が共働きを続けられるよう、安全な保育環境を整備することが望まれます。

第5章

豊かな人生を過ごすための資産運用との付き合い方

1 公的年金の「弱点」を資産形成で補う

公的年金にも「弱点」がある

これまで、本書では4章にわたって公的年金について解説してきました。

夫が平均的収入を得て、妻は生涯専業主婦（または扶養の範囲内の収入）の「モデル世帯」の年金額は2019年度現在では年266万円ですが、今後の経済状況によっては減っていく可能性があり、私たちが65歳になったときには年227万円になる可能性もあります（「衰退シナリオ」の場合）。

ただし、妻が生涯専業主婦（または扶養の範囲内の収入）というモデル世帯の前提は、世代を追うごとに平均像から乖離してきています。「寿退社」をしていた今の65歳の世代と比べると、私たちの世代の女性の生涯賃金は35歳時点までをみても格段に増えており、今後も共働きを続ける世帯ではますます増えていくことでしょう。女性の収入も含めて世帯の年金額をきちんと評価すれば、年金の未来は決して暗くないのです。

しかしながら、公的年金には弱点もあります。第4章で解説した通り、独身の場合はそもそも1人分の年金で1人で生活すると生活費が苦しくなりやすくなっています。自営業やフリーランスで働く方、副業を掛け持ちする方などについては現状、公的年金で十分にカバーされていません。共働き世帯であっても、夫婦のいずれかが亡くなった後は給付が大きく減ってしまいます。

また、これまであまり強調してこなかったのですが、共働きで生涯賃金が多くなると、年金額そのものは多くなるのですが、現役時代の年収と比べた年金額の割合（所得代替率）は低くなり、自分の現役時代と比べた「相対的な貧しさ」を感じやすくなるという問題もあります。

自ら貯蓄・投資を行って資産形成をすると、こうした公的年金の弱点を補うことができます。

豊かな共働き世帯ほど「所得代替率」は低くなる

図表５－１は「国力維持シナリオ」（ケースⅤ）の下での２０５０年度の生涯賃金と年金額の関係をグラフにしたもので、生涯賃金が多い世帯ほど受け取れる年金額が多くなるということを示しています。

年金額の絶対水準でみると、モデル世帯（③中収入男性と専業主婦）の年２４９万円に対して、中収入の共働き世帯（③中収入男性と④中収入女性の組み合わせ）では年３４８万円、高収入の共働き世帯（①高収入男性と②高収入女性の組み合わせ）では年５３８万円と、かなり

図表5-1　世帯の生涯賃金による年金額の違い

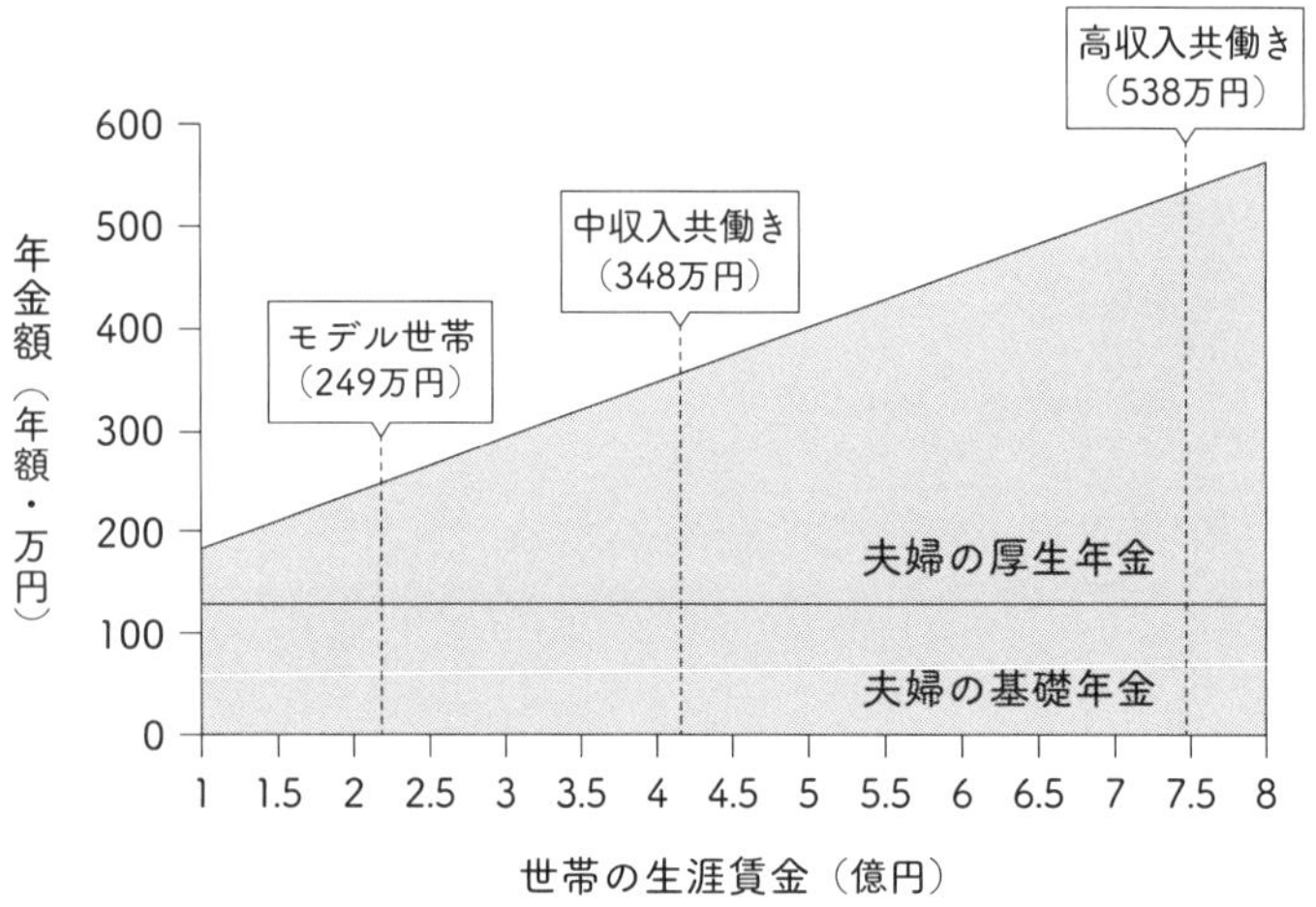

（注）年金額と生涯賃金は2019年度現在の物価に換算した。2050年度の「国力維持シナリオ」（ケースV）の下での金額（その他諸前提は第2章と同様）。
（出所）法令等をもとに大和総研試算

多くなっています。

ただし、これら共働き世帯の現役時代はもっと豊かです。現役時代の平均年収は、中収入の共働きの世帯では1010万円、高収入の共働き世帯では1882万円もあります。現役時代の平均年収と比較すると、348万円や538万円の年金はどうしても見劣りしてしまいます。

現役時代40年間（20〜60歳）の世帯の平均年収に対する年金額の割合（所得代替率）を示したものが次の図表5−2です。なお、ここでの所得代替率は政府とは異なる定義で使用しています。政府の定義については184ページからのコラムで解説します。

図表５-２　世帯の平均年収と所得代替率の関係

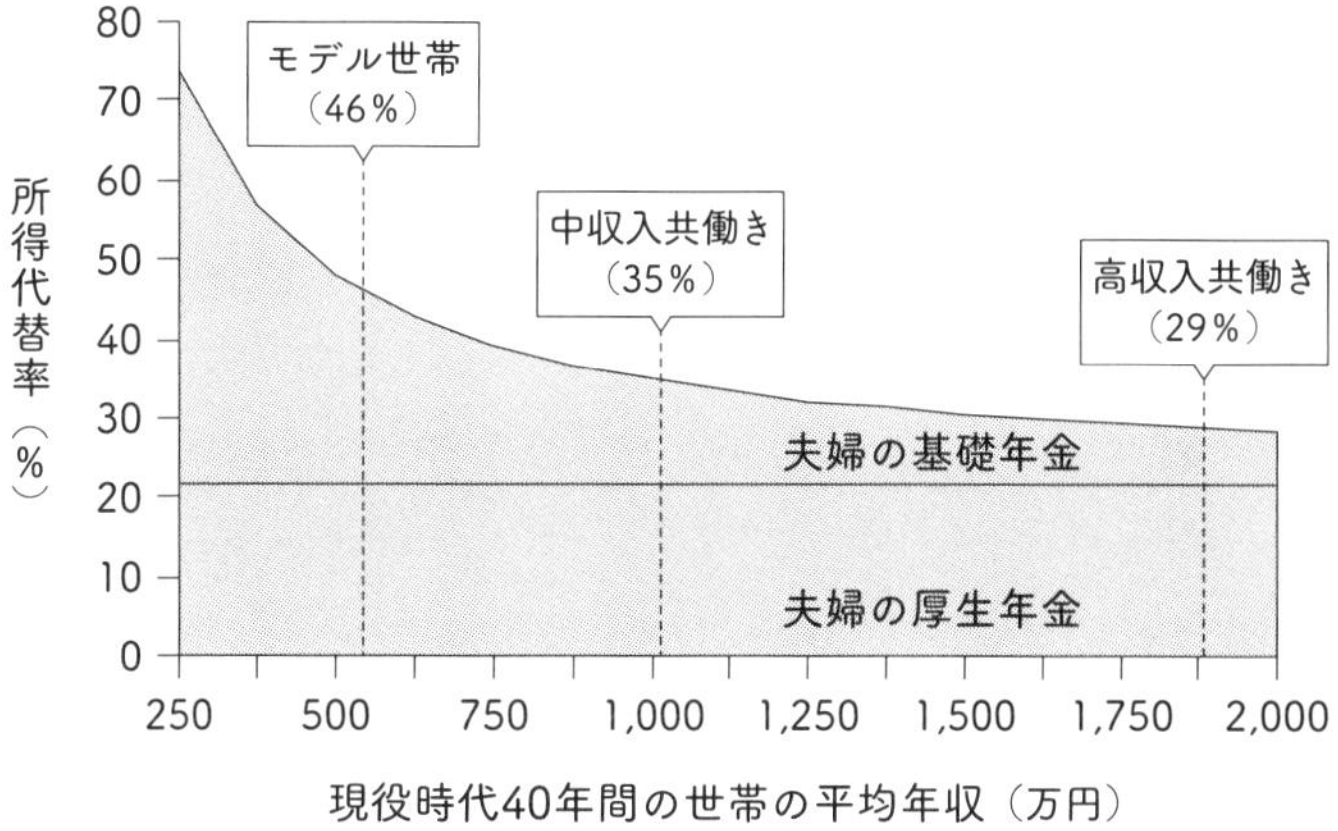

（注）ここでの所得代替率は、税引き前の平均年収に対する税引前の年金額の割合。
諸前提は第２章および図表5-1と同様。
（出所）法令等をもとに大和総研試算

　２０５０年度の国力維持シナリオ（ケースＶ）の下での厚生年金の支給額は（勤務期間を40年として）現役時代の平均年収の22％、基礎年金は夫婦で年１３０万円となる見込みです。モデル世帯においては現役時代の平均年収が５５２万円にとどまるため、夫婦の基礎年金分が平均年収の24％に相当し、厚生年金と合わせた所得代替率は46％となります。

　現役時代の平均世帯年収が高ければ高いほど、それに対する基礎年金１３０万円の割合は下がっていきます。平均世帯年収１０１０万円に対しては13％、１８８２万円に対してはわずか７％にすぎません。このため、厚生年金と合わせた所得代替率は、中収入の共働き世帯では35％、高収入共働き世帯では29％と、世帯収入が高い世帯ほど下がっていくのです。

現役時代と比べてあまり生活水準を落としたくない、例えば現役時代の6割や7割の収入を確保したいなどと考える場合、高収入の共働き世帯ほど、より多くの資産形成が必要となります。

コラム

政府が発表している所得代替率とは何か？

本書では、将来の年金額の見通しにつき、原則として（現在の物価に換算した）年金の実額によって示してきました。もちろん政府も年金の実額の見通しも示しているのですが、主に使っているのは所得代替率という指標です。

政府は、現役世代の男性平均の税引後の手取り年収に対する、税引前のモデル世帯の年金額の割合を所得代替率として定義しています。

政府が用いる所得代替率は、男性のみが厚生年金に加入し、女性は専業主婦または扶養の範囲内の収入である「モデル世帯」を平均像とみなした場合、年金受給者が受け取れる年金額が現役世代の収入に対してどのくらいの割合かを大まかに示すものです。２０１９年度現在は61・7％ですが、政府は将来においても50％を下回らないようにすることを目指しています。２０１９年の財政検証では、今後の経済が目標シナリオに沿って成長すれば、将来に

政府が用いる「モデル世帯の所得代替率」

$$=\frac{\text{モデル世帯の年金額（税引前）}}{\text{ある年の現役男性の平均年収（税引後）}}$$

本書で用いた「自分の世帯の所得代替率」

$$=\frac{\text{自分の世帯の年金額（税引前）}}{\text{自分の世帯の現役時代の平均年収（税引前）}}$$

おいても所得代替率が50％を下回らないことが確認されています。ただ、現在の年金受給世帯はモデル世帯を指標にしてもいいかもしれませんが、本書で繰り返し説明してきた通り、私たちの世代では現在までに既に稼いでいる女性の生涯賃金を無視できません。私たちが年金受給者になるころには、年金受給者が受け取る年金額の平均像もモデル世帯とはずいぶん違うものになっていることが予想され、モデル世帯の所得代替率は徐々にあまり意味のないものになっていきそうです。私たちにとって関心があるのは、「モデル世帯の所得代替率」よりも、むしろ、自分の世帯の現役時代の平均年収に対して自分の世帯の年金額は何％くらいになるのかという、「自分の世帯の所得代替率」でしょう。また、政府が用いるモデル世帯の所得代替率は、分母が税引後の手取り年収であるのに、分子が税引前の額面の年収となっています。この点についても、分母と分子で税引前か税引後のいずれかにそろえた方が分かりやすいでしょう。

　こうしたことから、本書では、分母と分子をともに税引前で揃え、自分の世帯の現役時代の平均年収に対する、自分の世帯の年金額の割合で算出する自分の世帯の所得代替率を示しました。

2 物価上昇を上回る資産運用を目指す

銀行預金や個人年金ではほとんど増えない

老後に向けてお金を準備しようと思うと、多くの人が真っ先に思いつくのは「銀行預金」や「個人年金」ではないかと思います。

しかし、円建ての銀行預金や個人年金保険では、お金はほとんど増えません。

2020年1月現在、相対的に金利の高いネット銀行の定期預金であっても年利0・1%程度です。保険料を月払いして、固定された年金額を受け取るタイプの円建ての個人年金保険では、払込金額に対して受け取る年金額が5%程度増えればよいほうです。年利5%ではなく、30〜40年間の累計で5%ですので、1年あたりに直すと0・1〜0・2%程度しか増えません。

一方で、これまで続いてきたデフレはあまりみられなくなり、だんだんと物価が上昇することが多くなってきました。

図表5－3は2011年以後の消費者物価指数（CPI）総合の推移を示すもので、物価が上がった年は8年中6年、累積の物価上昇率は5・7%（消費税率引き上げ分を除いても3・

図表5-3　消費者物価指数（CPI）総合の推移

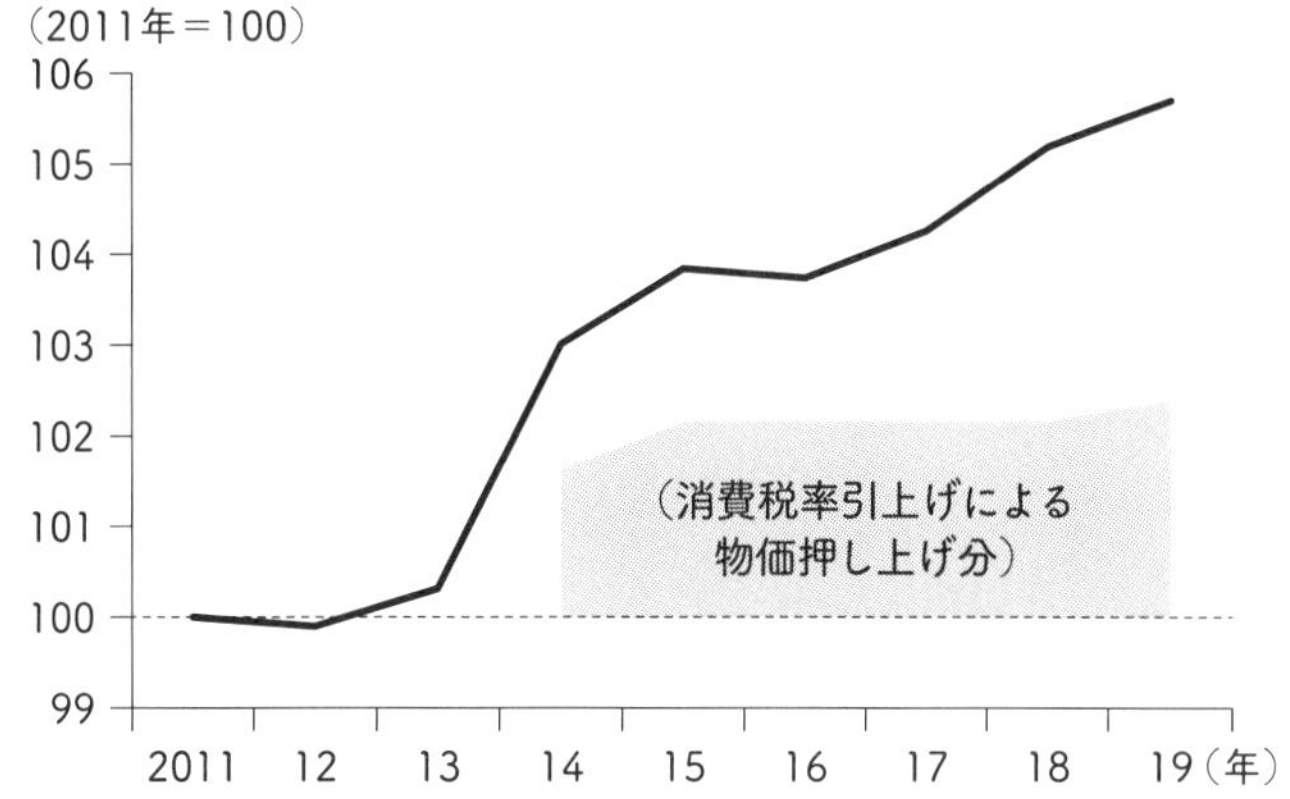

（注）消費税率引き上げによる物価押し上げ分は大和総研推計。
（出所）総務省「消費者物価指数」をもとに大和総研作成

3％）になります。

2050年の物価は今の1・2～1・8倍

これまで本書では、将来の年金額について、全て現時点の物価に換算していくら相当であるかを示してきました。これは、将来の年金額そのものを示すよりも、現時点での物価に換算した金額を示した方が、老後にどの程度の水準の暮らしができるかをイメージしやすいためです。

しかし、実際の金額でみると、将来になればなるほど物価が上昇していることが予想されます。

それでは、私たちが65歳になる2050年時点はどのくらいの物価水準になっているで

図表5-4　物価水準の見通し

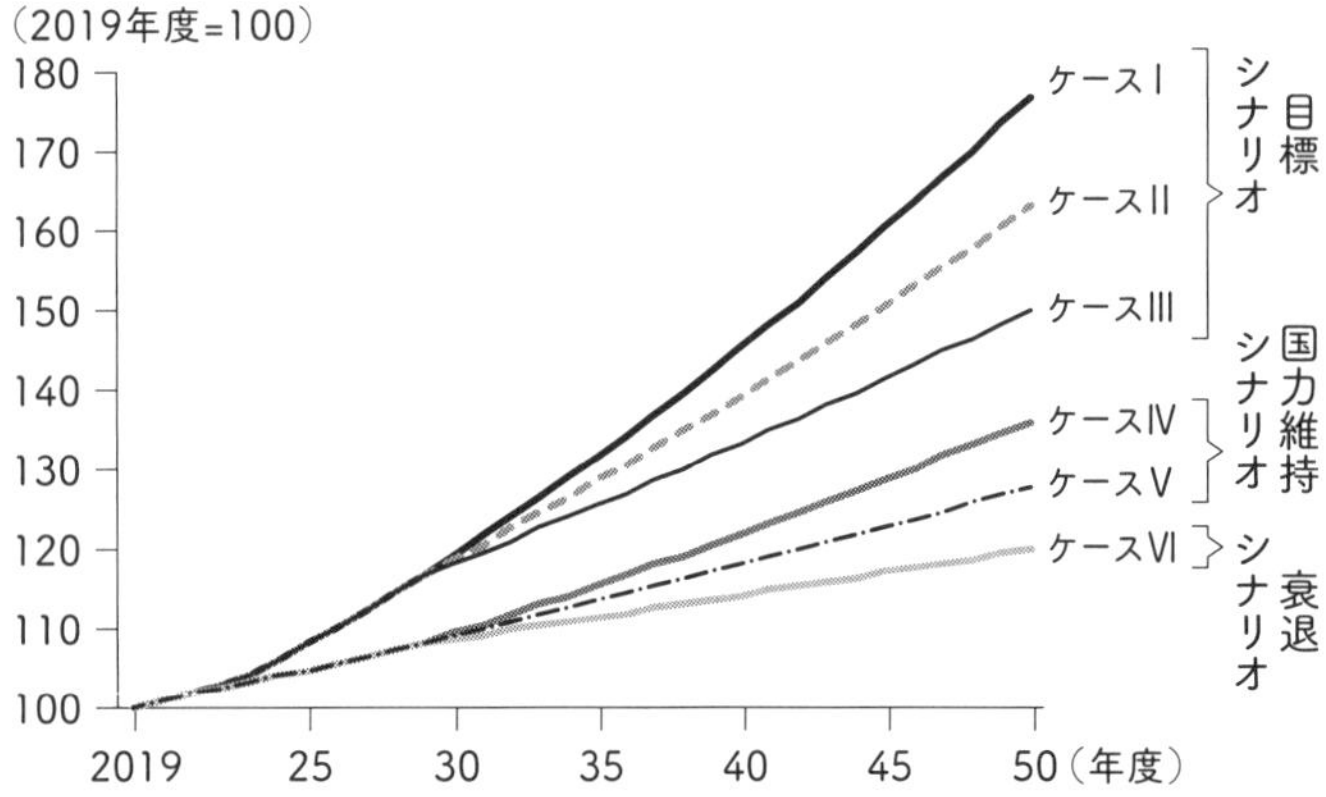

(出所) 2019年財政検証をもとに大和総研作成

しょうか。政府の財政検証においては、今の1・2〜1・8倍程度になることが想定されています。経済状況が悪いほど物価上昇率も低く抑えられますが、衰退シナリオにおいても2050年時点では物価は今の1・2倍には上がることが想定されています。

これから30年かけて、仮に銀行預金や個人年金保険でお金を5%増やしたとしても、物価が20%上がったとすると、使えるお金は実質15%ほど減ってしまうことになります。

公的年金の「長期・分散投資」が参考になる

もっとも、物価上昇による目減りを防ぐために株式などで資産運用をしようとしても、運用の失敗で逆に大きく資産を減らしてしま

図表５-５　GPIF基本ポートフォリオ（投資割合の内訳）

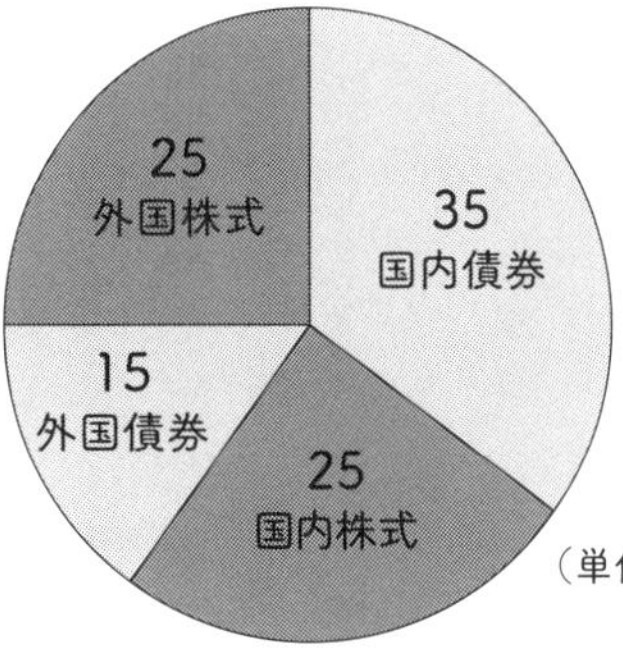

（注）2014年10月以降適用されている現在の基本ポートフォリオ
（出所）GPIFウェブサイト

うリスクが心配になるかと思います。

リスクを抑えながら資産を安定的に増やすことを目指す場合、私たちの公的年金の積立金を運用している年金積立金管理運用独立行政法人（ＧＰＩＦ）の運用方法が参考になります。

公的年金の積立金も、全く運用せずに寝かせてしまうと、物価上昇により実質的に目減りしてしまう恐れがあります。このためＧＰＩＦは、「資産、地域、時間等を分散して投資することを基本とし、長い投資期間を活かして、より効率的に収益を獲得する」（投資原則より抜粋）ことを目指して積立金を運用しています。

具体的には、図表５－５に掲げる資産配分割合を基本として、国内債券、国内株式、外国債券、外国株式にバランスよく投資を行っています。

次の図表５－６は、ＧＰＩＦの実際の運用実績です。

図表5-6　GPIFの運用収益率（運用手数料控除前）の推移

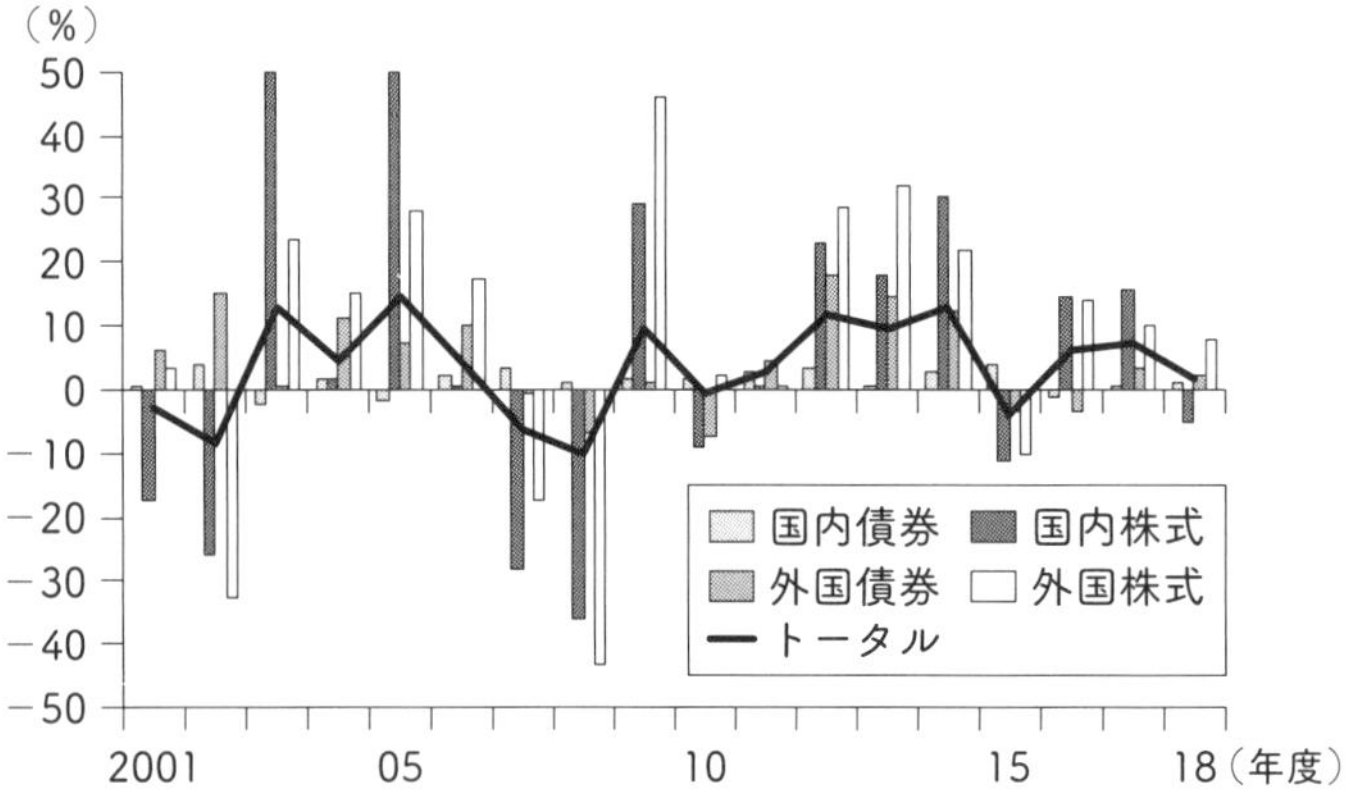

（注）GPIFの前身の年金資金運用基金を含む。
（出所）GPIFウェブサイト

例えば、直近の2018年度においては、国内株式の運用は不調で5・09%の損失を出しましたが、外国株式で8・12%の利益が出るなど、運用実績が好調だった他の資産と合わせたトータルでは1・54%の収益を上げることができました。たくさんの資産に投資を行うことによって、運用成果が安定しやすくなるのです。

また、リーマン・ショックがあった2008年度は国内債券以外の資産が大きく値下がりし、トータルで10・04%の損失を出しましたが、翌2009年度には9・58%の収益を確保し、リーマン・ショック時の損失の大部分を回復させています。GPIF（およびその前身の年金資金運用基金）が市場による運用を開始した2001年以後、トータルで損失が発生した年が6回ありましたが、

18年間を通算すると、平均して年率３・３％、金額にして62兆円もの運用益を稼ぎ出していま す。単年度では大きな損失が発生することがあっても、長期では運用成果が安定しやすくなるのです。

この18年間の物価上昇率は平均で年率０・１％でしたから、ＧＰＩＦは物価上昇率を年率３・２％上回る運用を達成しています。

個人でも、ＧＰＩＦと同様に、多数の種類の資産に分散投資し、長期の運用を行えば、物価上昇率を上回る利回りでの資産運用は実現しやすいものと思います。

個人の場合は税制も意識を

ＧＰＩＦはどれだけ運用収益を得ても税金は課されませんが、個人が資産運用によって利益を得た場合、原則として利益に対して税金（所得税、住民税）が課されます。その税率は２０２０年現在、約20％であり、かつ、インフレによる目減りは考慮されません。

例えば、１００万円で購入した株式が将来20％値上がりして１２０万円で売却できたとすると、なかなかよい運用ができたと思うかもしれませんが、もしこの間に物価も20％上昇していたとすると、株式の値上がり分の20％はインフレによる資産価値の目減りを防いだにすぎず、実質的な運用益は０円ともいえます。

税制上はインフレを考慮せず、単純に売値から買値を差し引いた20万円を「利益」として扱います。このため（現在と同じ税率であれば）税率約20％を乗じた約4万円が課税され、税引後の手取りは約116万円となります。物価上昇率と同じだけの運用利回りを達成しても、税金も考慮すると、お金の価値は目減りしてしまうのです。

約20％の税金を納めてなお実質的な資産価値を維持するためには、物価上昇率の約1・25倍の運用利回りが必要となり、これからインフレが当たり前の世の中になるとすると、そのハードルは上がっていきます。

NISAと確定拠出年金を賢く使って非課税で運用

そこで活用したいのが、NISA（ニーサ）と確定拠出年金という2つの制度で、これらを使えば個人が運用益非課税で資産運用を行うことができます。

NISAは、株式や投資信託などの運用益を非課税にしてくれる制度で、購入した株式や投資信託はお金が必要なときにはいつでも売却して現金化することができます。

確定拠出年金は、老後のために自分で積み立てる年金で、一度積み立てたお金は、原則60歳以上になるまで引き出すことができません。その代わり、運用中の利益に対して非課税となるだけでなく、積み立てを行った時点で所得税や住民税の負担を軽減してもらえるという強力な税制メリットを受けることができます。

この2つの制度を賢く使うことが、資産を効果的に増やしていく上で重要になります。

3 現役時代に使う可能性があるお金はNISAで増やす

投資初心者は、まずは「つみたてNISA」で

NISAは口座からのお金の引出しについて、時期や使途に制限がないことが特徴で、現役時代に使う可能性があるお金についてはNISAを使って増やしていくのがよいでしょう。

NISAには、「一般NISA」と「つみたてNISA」がありますが、まずは、つみたてNISAから説明します（これに加えて、未成年者が利用できる「ジュニアNISA」もありますが、本書は説明を省略します）。

つみたてNISAは2018年にスタートした少額からの積立・分散投資を促進するための制度で、20歳以上（2023年以降は18歳以上）で日本国内に住んでいる人が対象です。初心

図表5-7　つみたてNISAの制度概要

口座開設できる人	20歳以上（2023年以後は18歳以上）の国内居住者なら誰でもOK
口座を開設できる数	原則として1人1口座（金融機関の変更は可能）
口座開設できる期間	2018～2037年の20年間（2020年度税制改正により2042年まで期間延長される予定）
投資対象	中長期の投資に向く投資信託（およびETF）
投資の方法	予め金額と購入時期を定めた積立投資に限る
投資金額	最大で年間40万円まで
非課税対象	口座内で保有する投資信託の分配金・売却益につき購入した年から20年間非課税
購入した商品の売却	制限なし

（出所）法令等をもとに大和総研作成

者が投資を始めやすく、続けやすくするための様々な工夫がされています。まだ一度も株式や投資信託に投資したことがない35歳前後の読者が、これから初めて投資にチャレンジするのならば、私はつみたてＮＩＳＡの利用をお勧めします。

つみたてＮＩＳＡの概要は図表５－７の通りで、証券会社や銀行などでつみたてＮＩＳＡの口座を開設して、そのなかで投資信託（およびＥＴＦ）に投資することができる制度です。

投資できる投資信託は、中長期の投資に向くものとして金融庁に届出が行われたものに限られ、投資の方法も、例えば毎月27日に1万円など、予め金額と購入時期を定めた積立投資に限られます。年間で最大40万円まで投資することができ、口座内で保有する投資信託の分配金や売却によって得た利益は、20年間非課税となります。40万円を20年間積み立てれば、累計で８００万円を投資することができます。

長期分散投資に向く、つみたてＮＩＳＡ対象の投資信託

投資信託とは、たくさんの人から集めたお金をひとつにまとめて、株式や債券などに投資する商品のことで、投資の成果はお金を出した人それぞれに公平に分配される仕組みになっています。

例えば、１人が投資する金額が１万円だけであっても、１万人が１万円ずつ出し合えば合計で１億円になります。１億円あれば、いろいろな会社の株式や債券などを購入できます。投資信託を使うと、１万円や2万円などの少額でも、間接的に多数の会社の株式や債券などに投資することができ、その投資の成果（値動きや配当、利子など）を享受することができるのです。

日本には約５０００本の投資信託がありますが、そのなかで、特に、長期分散投資に向いているものとして金融庁の定めた条件をクリアしたものだけが、つみたてＮＩＳＡの対象となっています。

つみたてＮＩＳＡの対象となるための条件は、①中長期の投資に向く商品であること、②手数料が明確かつ低水準であること、③投資対象が十分に分散されていること――の主に３つです。

１９０ページでＧＰＩＦの運用実績をみたように、投資対象が十分に分散されていて、長期の投資を行えば安定的な運用益を上げられる可能性が高そうです。個人で運用する場合、兆円単位の資金を運用するＧＰＩＦほどの低コストというわけにはいきませんが、それでも、つみたてＮＩＳＡ対象の投資信託は、購入時手数料が原則として無料（ただし、ＥＴＦの積立を選んだ場合のみ購入時手数料がかかります）、運用時に継続してかかる手数料（信託報酬）も年率０・５％以内（国内に投資するインデックス投資信託の場合）など、低水準に抑えられています。

つみたてＮＩＳＡ対象の投資信託は現在１７３本（２０１９年10月１日時点）ですが、ネット証券を除くほとんどの証券会社や銀行は、そのなかから自社で取り扱う商品を数本～十数本程度に絞り込んでいます。

本来、投資は自分で何に投資すべきか考えて決定するべきものだとは思いますが、いつまでも投資対象を決められなかったり買い時を待っていたりすることで結果的に「投資する機会」を失うのはもったいないことです。自分で何に投資したいかを考える自信がない方は、まずは証券会社や銀行でつみたてＮＩＳＡの口座開設をして、その金融機関が取り扱っているつみたてＮＩＳＡ対象の投資信託のなかから自分がよさそうだと思うものを選んでみるとよいと思います。

投資経験者は「一般ＮＩＳＡ」も選択肢

株式や投資信託への投資経験があり、当面使う予定のない預貯金を既に百万円単位で持っている読者の場合、一般ＮＩＳＡを利用して、もっと広い対象から選んでより大きな金額を投資することも視野に入ります。

一般ＮＩＳＡは２０１４年にスタートしたもので、制度の創設時はこれが「ＮＩＳＡ」と呼ばれ、投資初心者向けの少額投資非課税制度とされていました。しかし、４年後の２０１８年に、より初心者向けのつみたてＮＩＳＡができたため、現在では、一般ＮＩＳＡはいくらかの投資経験のある中級者向けの制度と位置付けることができます。

図表５－８が、つみたてＮＩＳＡと比較した一般ＮＩＳＡの制度概要です。

一般ＮＩＳＡには投資対象に制約はあまりなく、上場株式か投資信託であれば、なんにでも投資することができます。つみたてＮＩＳＡと比べると、非課税扱いを受けられる期間が、投資した年から5年間と短い一方で、1年あたりに投資できる金額は大きくなっています。

一般ＮＩＳＡでは、投資信託だけでなく新興市場の株式や外国の株式などにも投資すること

図表5-8　つみたてNISAと一般NISAの制度概要

	つみたてNISA	一般NISA
口座開設できる人	20歳以上（2023年以後は18歳以上）の国内居住者なら誰でもOK	
口座を開設できる数	原則として1人につきいずれか1口座（金融機関や一般NISA/つみたてNISAの変更は可能）	
口座開設できる期間	2018～2037年の20年間（2020年度税制改正により2042年まで期間延長される予定）	2014～2023年の10年間（2020年度税制改正により、2024年以後は「新NISA」に改組される予定）
投資対象	中長期の投資に向く投資信託	上場株式・公募投資信託の原則全銘柄（注）
投資の方法	定時・定額の積立投資に限る	積立投資も一括投資も可能（注）
投資金額	最大で年間40万円まで	最大で年間120万円まで（注）
非課税対象	口座内で保有する投資信託の分配金・譲渡益につき、購入した年から20年間非課税	口座内で保有する株式や投資信託の配当・分配金、譲渡益につき、購入した年から5年間非課税
購入した商品の売却	制限なし	

（注）2020年度税制改正により、2024年からは「一般NISA」は「新NISA」に改組され2027年まで口座開設できるものとなる予定。「新NISA」の投資金額は最大で年間122万円だが、原則としては定時・定額の積立投資を行った場合に限り、それ以外の自由な投資も行える制度となる予定。

（出所）法令等をもとに大和総研作成

ができ、今後大きく成長する企業をうまく当てることができれば、大きな利益を得られる可能性もあります（どれだけ利益が出ても非課税です）。もっとも、1社だけに投資して見込みが外れた場合は大きな損失を出してしまう可能性もあります（損失が出ても、それを他の株式の利益などと通算することはできません）。

なお、2020年度税制改正により、2024年から、一般NISAは「新NISA」に改組されることが決まりました。新NISAの仕組みはかなり複雑なので本書では詳しく説明しませんが、原則として、つみたてNISA対象の投資信託への積立投資を行った場合に限り、それ以外の自由な投資を行える制度となる予定で、投資中級者にも積立投資を促す制度改正となっています。

まだ制度スタートまで4年ありますが、新NISAを使う場合、資産のうちのいくらかをつみたてNISA対象の投資信託などで堅実に増やし、残りは、自分が大きく成長すると見込む企業の株式や今が割安だと思った株式などを1～5年程度のスパンで保有するといった使い方が一般的になるものと思います。

4

60歳まで取っておきたいお金は「確定拠出年金」のなかで運用

確定拠出年金とは何か

確定拠出年金とは、月々支払う拠出額（掛金）を予め定めておく一方、給付額は変動する積立方式の年金のことで、英語の Defined Contribution の頭文字を取ってＤＣと呼ばれます。

公的年金も保険料率が決まっている一方で給付額も変動するものですが、公的年金は原則として賦課方式ですから、給付額はそのとき保険料を支払う現役世代の賃金水準や就業者数などによって変わってきます。一方で、確定拠出年金は、個人ごとに現役世代に積み立てた資産から給付を受ける積立方式の年金です。

確定拠出年金には個人型と企業型があり、企業型の確定拠出年金（企業型ＤＣ）は企業の退職給付制度の一環として、原則として企業が掛金を積み立てます。企業が企業型ＤＣを実施するか否かは自由であり、企業型ＤＣを実施している企業に勤めている人だけが企業型ＤＣに加入できます。これに対して、個人型の確定拠出年金（個人型ＤＣ、ｉ《イ》Ｄｅ《デ》Ｃｏ《コ》）は原則として企業型確定拠出年金に加入していない人を対象とした制度で、個人で金融機関に申し込んで加

図表5-9　公的年金と企業年金等の違い

	公的年金（厚生年金）	確定拠出年金（DC）個人型（iDeCo）	確定拠出年金（DC）企業型	確定給付企業年金（DB）
掛金（保険料）の支払い	労使折半	原則個人負担	原則企業負担	
財政方式	原則賦課方式	積立方式		
資産（積立金）の運用	GPIFが行う	個人が行う		企業が行う
年金の給付額	原則として現役世代が支払う保険料総額次第で変動	個人ごとに積み立てられた資産の運用成果次第で変動		（勤続年数、役職等に応じて）あらかじめ定められた金額で固定
税制 拠出時	拠出分は課税対象の所得として扱われない			
税制 運用時	運用益は非課税（給付時点まで課税繰り延べ）（注）			
税制 給付時	原則として給付額が課税対象となるが、公的年金等控除（または退職所得控除）の対象			

（注）現行のDCおよびDBができてから1度も施行されたことはないが、法律上、運用時に残高に対し年率約1％の特別法人税を課税することが予定されている。
（出所）法令等をもとに大和総研作成

入し、掛金を積み立てます。

個人型・企業型のいずれも、個人別に積み立てられた掛金を個人が運用していき、60歳以上になった際に、個人別の残高から年金または一時金として給付を受けます。一度掛金を支払ったら60歳までは原則として引き出す（途中解約や脱退をする）ことができないことも、確定拠出年金の大きな特徴です。

なお、企業の退職給付制度のなかには確定給付企業年金という制度もあり、こちらは給付額が原則として決まっています（英語の Defined Benefit の頭文字を取ってＤＢと呼ばれます）。

拠出時非課税の強力な税制メリット

通常であれば、老後のために資産を積み立てようとしても、まずは一度、給与や賞与などに対して所得税や住民税を支払った上で、残りのお金を貯蓄や投資に回すことになるのですが、確定拠出年金の場合は、給与や賞与などから所得税や住民税を払わずにそのまま貯蓄や投資に回すことができます。

確定拠出年金に個人が支払う掛金は、小規模共済等掛金控除として所得控除の対象になり、掛金として支払った金額分はその分だけ給与や賞与が減ったものとみなされて所得税や住民税が減額されます。

このメリットはなかなか強力です。例えば年収５００万〜６００万円程度の会社員の場合、所得税・住民税の税率は合わせて約20％となることが一般的です。この会社員が、ｉＤｅＣｏに年間20万円拠出すると、拠出時点で約４万円（≒ 20万円 × 約20％）の税負担が軽減されます。実質約16万円の負担で20万円を老後の資金として貯蓄や投資に回すことができるわけです。

運用中に、確定拠出年金の口座内で投資信託を売却するなどして利益が出たとしても、その運用益には課税されず、税負担なしに資産を増やしていくことができます。

給付時に課税されても、よほどのことがない限り損にはならない

拠出時・運用時の確定拠出年金の税制は良いことづくしなのですが、その代わり、給付を受ける際には、その給付額は原則として給付額の全体が課税対象となります。ＮＩＳＡの場合は株式や投資信託の売却代金は全て非課税で受け取ることができますし、（ＮＩＳＡやｉＤｅＣｏ以外の）普通の証券口座で資産運用をした場合も課税されるのは運用益だけで、元本には課税されません。これに対し、確定拠出年金の場合は、給付時に、運用で増えた分だけでなく、拠出額の元本部分も課税対象になる点に注意が必要です。

２０２０年現在では、確定拠出年金からの給付時も事実上課税されないことも多いようで、これをもって「給付時も税制優遇」という説明がされることもよくあります。しかし、これはあくまで現状において、確定拠出年金という制度が本格化してからあまり長い年数が経っていないために多額の給付を受け取れる人がまだ少ないことと、給付時の退職所得控除や公的年金等控除などがかなり優遇されていることから、結果的に課税されていない人が多いということにすぎないものと思います。こうした状況は、今後5年や10年で大きく変わることはないと思

図表5-10　iDeCoの税制のイメージ

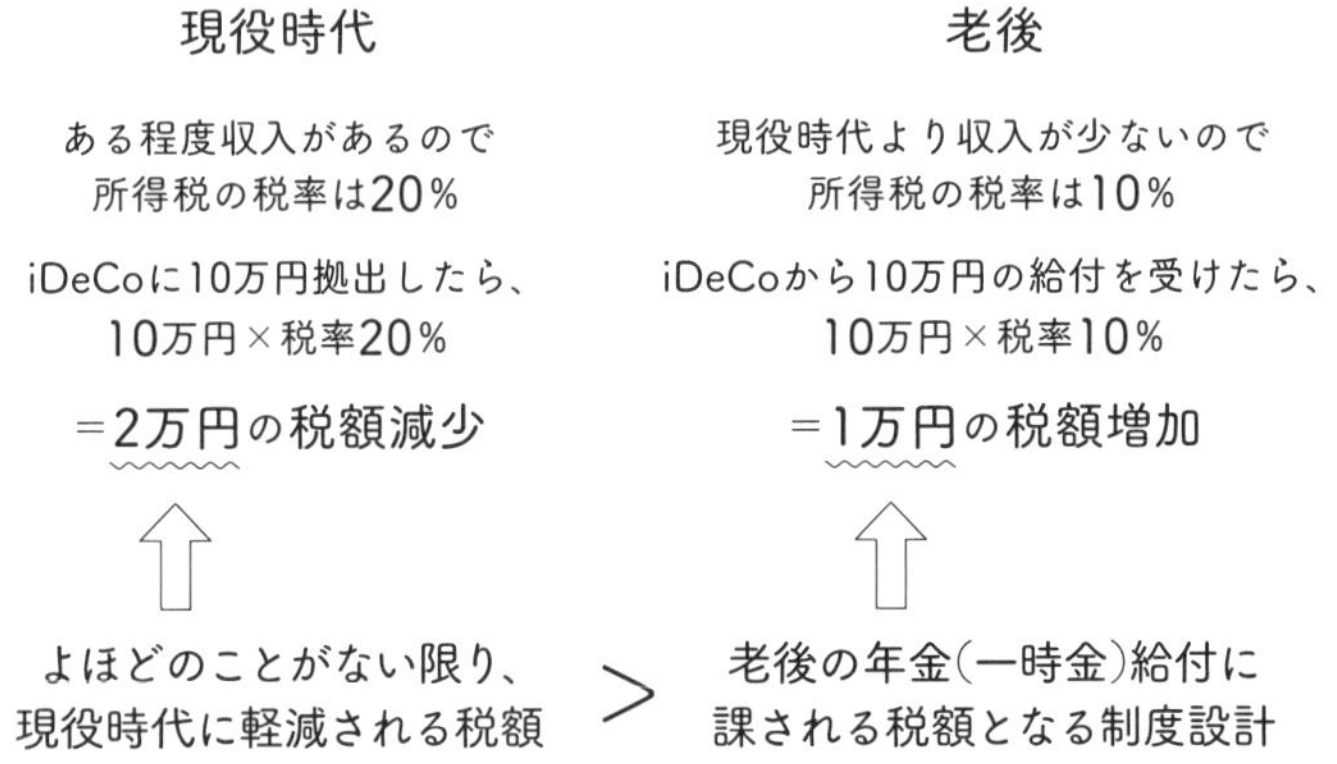
現役時代
ある程度収入があるので
所得税の税率は20%
iDeCoに10万円拠出したら、
10万円×税率20%
=2万円の税額減少
よほどのことがない限り、
現役時代に軽減される税額
>
老後
現役時代より収入が少ないので
所得税の税率は10%
iDeCoから10万円の給付を受けたら、
10万円×税率10%
=1万円の税額増加
老後の年金(一時金)給付に
課される税額となる制度設計

（出所）大和総研作成

いますが、私たちが60歳となる2045年まで続くかどうかはわかりません。

2045年ごろには、20歳ごろから40年近く確定拠出年金に加入した人も増え、口座内に1000万円や2000万円の資産を積み上げている人も珍しくなくなってくるものと思います。一方で、第4章でみた通り、今後の経済成長率によっては、2045年ごろには単身の高齢者の貧困問題が深刻化している可能性もあります。すると、高齢者の生活保護のために必要な財源につき、同世代で相対的に豊かな高齢者に対して求められる可能性もあるものと思います。

そうはいっても、老後に給付を受けるときはほとんどの人は現役時代よりも年収が低下していること、所得税がその年の所得金額をベースにした累進課税であることを踏まえると、「よほどのこと」がない限りは、給付時に税金を課されるとしても、その総額は拠出時に軽減された税額よりも少なくなると思います。

もしかすると、読者のなかには将来、役員にまで出世したり、起業に成功したりして、60歳や70歳になっても現在よりも多くの収入を得続ける人もいるかもしれません。こうした「よほどのこと」が起こったとしたら、確定拠出年金に加入しなかった方が、税負担が少なくて済んだということもありそうです。しかし、そのときは、確定拠出年金に加入して結果的に損をしたことを悔やむよりも、経済的成功を得られた幸運に感謝した方がよいのではないかと思います。

人により大きく異なる拠出限度額

勤め先の企業が企業ＤＣを実施しているか否かや、（企業型ＤＣ実施企業の場合）企業の拠出額がいくらになるかは、自分で決めることができませんので、自分で拠出額を決められる分についてみていきます。

まず、ｉＤｅＣｏへの加入についてみていきます。ｉＤｅＣｏに加入できるか否か、その場合の拠出限度額はいくらかになるかは、公的年金と企業年金等の加入状況によりかなり複雑になっていますが、図表５－11のフローチャートをみていくと、ほとんどの人がｉＤｅＣｏに加

図表5-11　確定拠出年金の個人としての拠出の可否（2020年3月現在）

公的年金の加入状況	企業年金等の加入状況	会社の規定	拠出できる制度	個人としての拠出限度額（注2）
厚生年金に加入	共済組合加入の公務員である		iDeCo	年14.4万円
厚生年金に加入	企業型DCに加入している	マッチング拠出を認めている	企業型DC（注3）	年33万円（or16.5万円）かつ企業拠出額と同額以下
厚生年金に加入	企業型DCに加入している	iDeCoへの同時加入を認めている	iDeCo	年24万円（or14.4万円）
厚生年金に加入	企業型DCに加入している	いずれも認めていない	×（注3）	拠出不可
厚生年金に加入	いずれも加入していない	「iDeCo＋」を導入している	iDeCo	年27.6万円から企業拠出額を除いた額
厚生年金に加入	いずれも加入していない	していない	iDeCo	年27.6万円
国民年金第1号被保険者			iDeCo	年81.6万円
国民年金第3号被保険者			iDeCo	年27.6万円

（注1）20歳以上60歳未満であることを前提とした。
（注2）確定給付企業年金等の加入者である場合、拠出限度額はカッコ内の金額となる。
（注3）政府はこれらのケースについてもiDeCoに加入できるようにすることを検討中である。
（出所）法令等をもとに大和総研作成

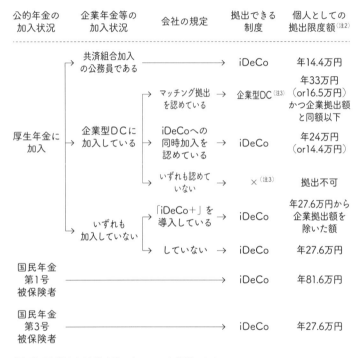

入できることが分かります。

厚生年金に加入していない自営業者やフリーランサーなどの国民年金第1号被保険者は、ｉＤｅＣｏに年81万６０００円まで拠出可能です。厚生年金がなく公的年金の給付額が少ない分、ｉＤｅＣｏへの拠出限度額は最も多く設定されています。

国民年金の保険料が年19万６９２０円（２０１９年度現在）ですので、自営業者がｉＤｅＣｏに上限まで拠出すると、合わせて年１０１万２９２０円が必要になります。これはとても大きな金額と感じるかもしれませんが、実は年収６００万円の会社員は、この金額を上回る、年１０９万８０００円（＝年収６００万円×保険料率18・３％）もの金額を、会社負担分と合わせて厚生年金の保険料として支払っています。

自営業やフリーランサーとして会社員並みかそれ以上に稼いでいるのであれば、老後の資金を確保するために、厚生年金がない分、なるべく上限いっぱいまでｉＤｅＣｏに拠出をしたいところです。

会社員や公務員の配偶者に扶養されている国民年金第3号被保険者は、ｉＤｅＣｏに年27万６０００円まで拠出できます。もっとも、ｉＤｅＣｏへの拠出額を所得控除できるのはあくまで拠出した本人だけで、配偶者の所得からの控除はできません。このため、所得が全くない専業主婦などの場合は、拠出時の税制メリットは受けられない点に注意が必要です。

厚生年金の加入者の場合、勤め先の企業年金制度等によっても拠出限度額は変わりますが、企業型ＤＣに加入していなければ、ｉＤｅＣｏに加入することはできます。この点も一応、図表５－12にフローチャートで示していますが、それでも自分がどれに該当するか分からない方も少なくないと思います。その場合は、自分がｉＤｅＣｏに加入可能か、会社の人事部などに問い合わせるとよいでしょう。

企業型ＤＣに加入している場合は、現在のところ、会社の規定により企業型ＤＣに個人でも拠出できる「マッチング拠出」ができる場合、ｉＤｅＣｏにも加入できる場合、いずれも認められない場合の３パターンがあります。ただし、政府は今後、会社の規定によらずｉＤｅＣｏに加入できるようにすることを検討しています。

運用方法次第で利回りは大きく異なる

確定拠出年金は、企業型も個人型も原則として加入者個人が運用方法を選択します。運用商品の選択肢は、企業型であれば企業が提示したもの、個人型であれば加入する金融機関が提示したもののなかから選びますが、その選択肢には銀行預金や保険などの元本確保型商品と、様々な資産に投資する投資信託の両方があることが一般的です。

実際の確定拠出年金の加入者の運用商品の選択状況は、図表５－12の通りです。

企業型の運用資産の約５割、個人型の運用資産の約６割が元本確保型の資産となっています。

図表5-12　確定拠出年金の資産構成割合（2017〈平成29〉年度末）

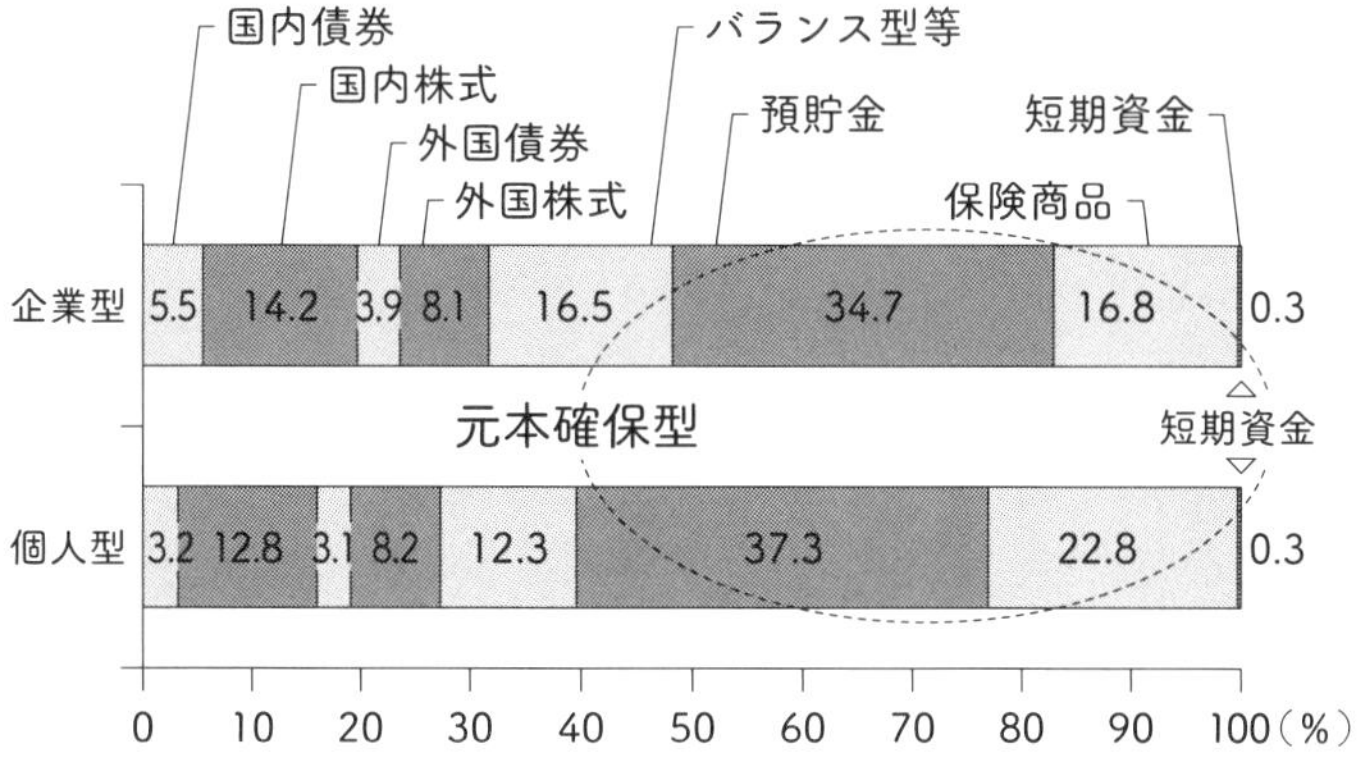

（原資料）企業年金連合会「企業年金に関する基礎資料　平成30年度版」
※国内債券、外国債券、国内株式、外国株式、バランス型は投資信託等による運用。
（出所）厚生労働省「社会保障審議会企業年金・個人年金部会資料」より大和総研作成

多くの資産が元本確保型で運用されている結果、運用利回りは低水準にとどまっています。企業型DCの加入者全体（運営管理機関3社の集計）の通算利回りの分布は図表5−13の通りで、43％の加入者は利回りが0％以上1％未満の範囲に収まっています。平均値でみれば1・86％ありますが、これは利回りが高い少数の人が平均を押し上げている面が強く出ています。

一方、図表5−14は（私が勤める）大和証券グループの社員が加入している企業型確定拠出年金の資産構成です。こちらは、先ほどとは異なり、証券会社とそのグループ会社の社員という、リスクを取った資産運用に慣れている人たちが母集団です。このため、元本確保型の資産割合は22・8％にとどまり、77・2％が投資信託を通じて

図表5-13　企業型DC「通算利回り」の利回り別加入者数（加入～2019年3月末）

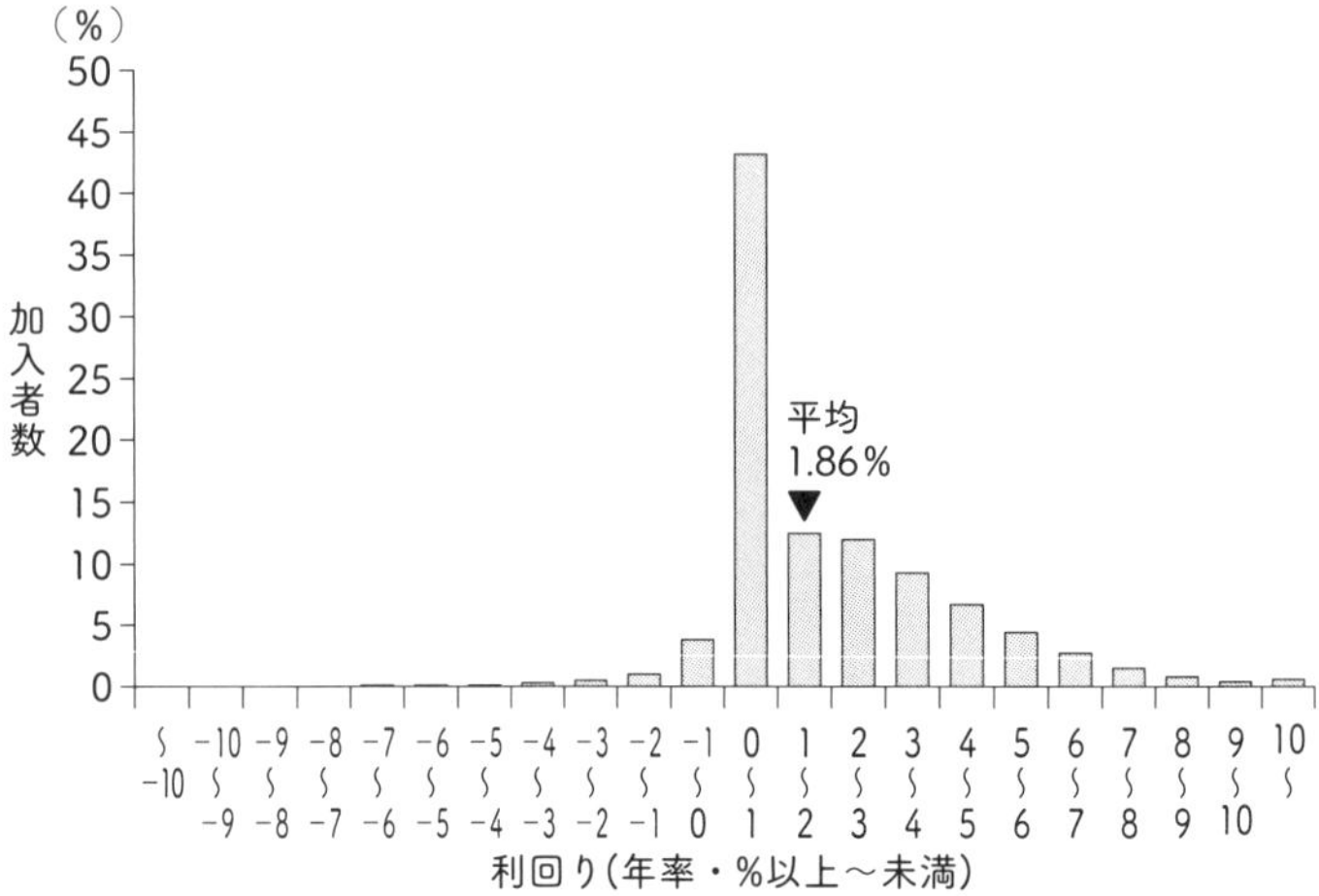

（注）野村證券、三井住友信託銀行、三菱UFJ信託銀行の3社の集計データを「年金情報」が合算。
（出所）格付投資情報センター「年金情報」2019年7月1日号より大和総研作成

図表5-14　大和証券グループの企業型DCのポートフォリオ（2019年3月末）

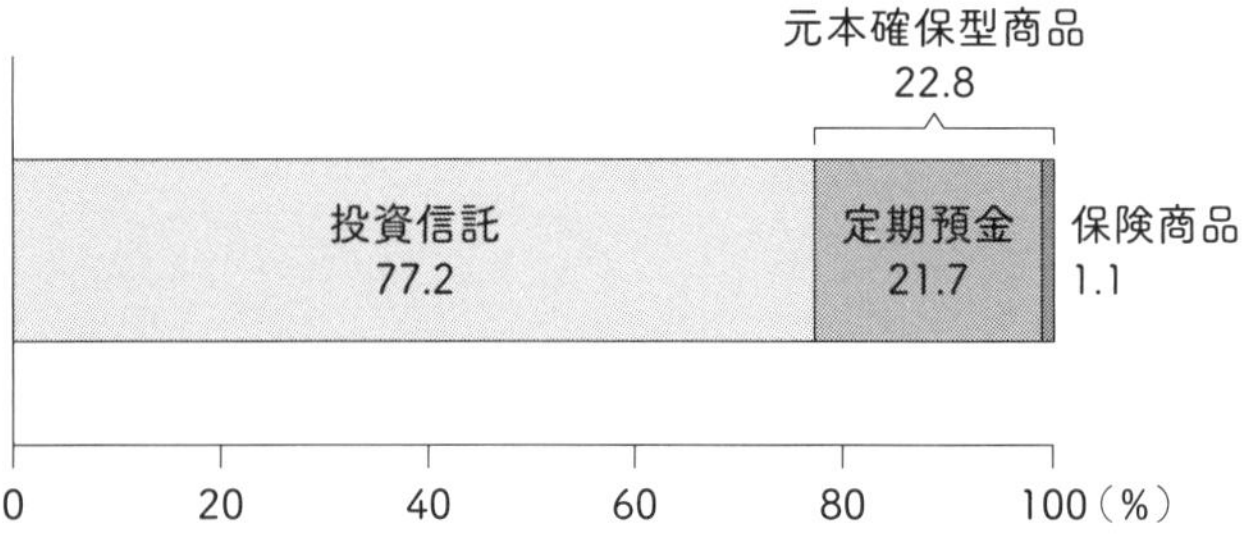

（出所）大和証券

図表5-15　大和証券グループの企業型DCの利回り別加入者数
（加入～2019年3月末）

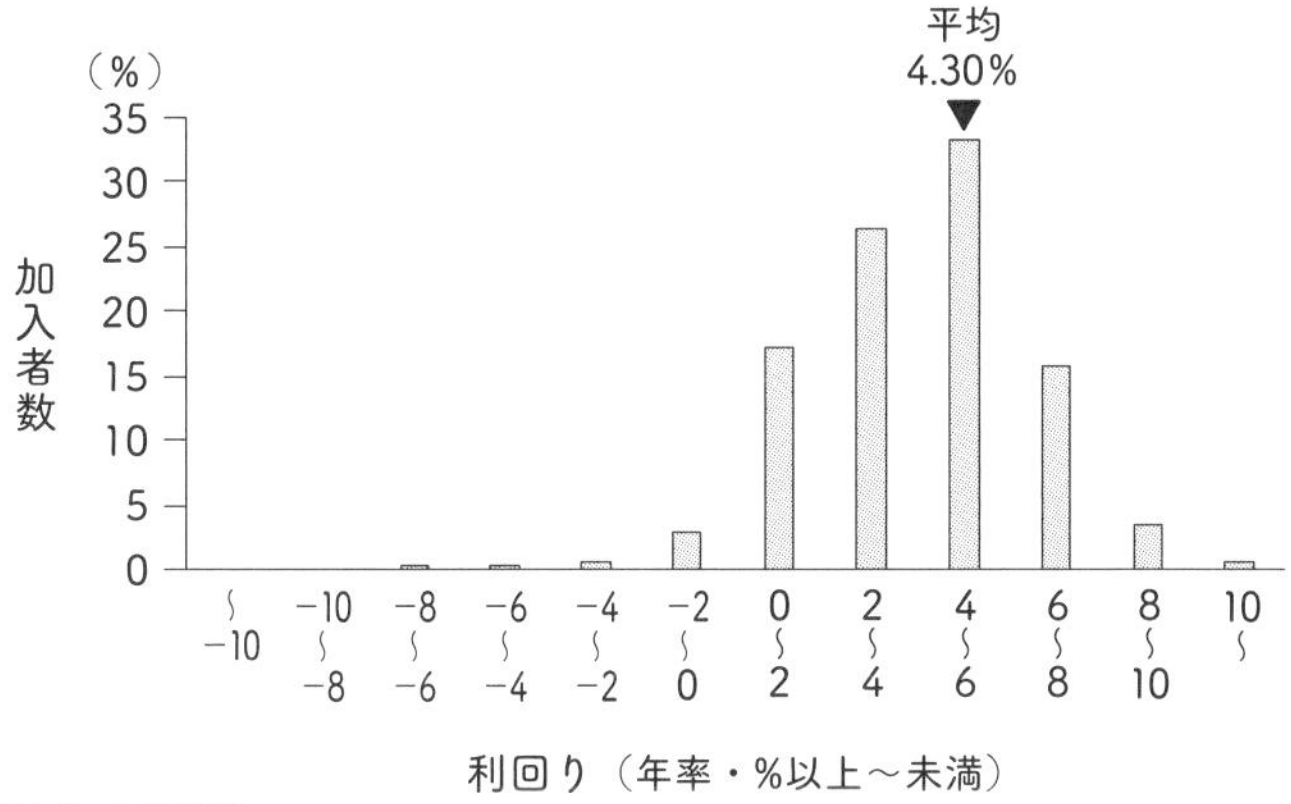

（出所）大和証券

様々な資産に投資されています。

この結果として、２０１９年３月末時点で、加入以来の通算で平均４・30%もの利回りを得られており、元本割れをしている社員は３・８%にとどまっています（図表５－15参照）。

もちろん、リスクを取った運用をしているため、常に運用成績が好調であったというわけではありません。リーマン・ショック直後の２００９年３月末時点では、通算利回りの平均はマイナス７・08%まで落ち込み、社員のほとんどは元本割れとなりました。しかし、そこで諦めずに運用を継続した人が大半であったため、その後の株価回復期に大きな運用益を上げることができ、現時点では96・２%もの社員が通算でプラスの利回りを確保しています。

株式や債券などへの投資には値動きのリスクがありますが、GPIFの運用成果でもみた通り、投資する資産を分散させて、長期間の投資を行えば、安定的な利益を確保することが期待できます。

仮に、今後数年以内にリーマン・ショック級の経済危機が来て資産が大きく目減りしてしまったとしても、私たち「35歳」の世代が確定拠出年金からの給付を受けられるようになる「60歳」まではまだまだ時間があり、その後の運用成果で損失をカバーできる可能性が十分にあります。老後が近づいてきたら見直す必要があるかもしれませんが、私は「35歳」の時点では、確定拠出年金の資産は全額投資信託で運用してよいと思っています。

コラム

老後のためにどのくらい積み立てたらいいの？

それでは結局、毎年いくらぐらいの金額を積み立てて投資に回したら、満足のいく老後の生活を送ることができるの？　と思った方も多いと思います。

この問いに答えるには、現在の年収、将来の年収、退職金、働き方、資産運用の仕方、住宅ローンの有無、親から受け取る遺産の有無など、考慮すべき要因がたくさんあります。このため、人それぞれということにはなるのですが、大胆な仮定を置いた上でざっくりとした目安を示したいと思います。

経済前提については、やや厳しめの国力維持シナリオ（ケースⅤ）をベースに、私たち、現在35歳の世代が年金を受け取る２０５０年の所得代替率を、モデル世帯で46％、中収入の共働き世帯で35％、高収入の共働き世帯で29％としました（世帯の前提は図表５－２と同様）。

２０１９年度に65歳になったモデル世帯の所得代替率はおよそ６割です。年金生活者は、これに加えて手持ちの金融資産の一部を取り崩しながら生活費に充てており、家計調査によると、70代の夫婦世帯の消費支出は50代の夫婦世帯の７割くらいです。これらを参考に、公的年金と資産の取り崩しを合わせた所得代替率の目標を６～７割と設定してみます。つまり、現在の年金受給者と同程度の所得代替率を目指すという考え方です。

資産の運用利回り（物価上昇率控除後の実質）については、国力維持シナリオ（ケースⅤ）の下で想定されているＧＰＩＦの運用利回り（年率２・５％）から、０・５ポイントを差し引いた年率２・０％と設定しました。０・５ポイントを差し引いたのは、個人で資産運用を行う場合はＧＰＩＦよりは（運用する金額あたりの）コストがかかることや、運用効率が下がることが考えられるためです。

以上の前提の下で、35歳から59歳まで毎年、年収の一定率（積立率）を積み立てて投資に回すものとし、60歳から64歳まで積立は行わず運用を継続し、65歳から20年間、公的年金と合わせて６割または７割の所得代替率を確保するために必要な積立率が何％になるかを試算

図表5-16　目標の所得代替率を達成するために必要な積立率

	公的年金＋取り崩しで目標とする所得代替率	
	6割	7割
モデル世帯	5.7%	9.3%
中収入の共働き世帯	9.9%	13.3%
高収入の共働き世帯	12.2%	15.5%

（注）35歳時点の所持金、退職金、企業年金、親の遺産の受け取り、運用益への課税、住宅ローンの返済、介護費用の発生などを考慮していない。積立に回した分は現役時代に使えないことを踏まえ、ここでの所得代替率は、（年金額＋取崩額）／現役時代の平均年収×（1－積立率）とした。その他の前提は本文参照。
（出所）大和総研試算

したものが図表5－16です。

モデル世帯よりも共働き世帯の方が、共働き世帯のなかでもより高所得の世帯の方が、それぞれ公的年金の所得代替率が低くなる分、公的年金＋取り崩しで6割や7割の所得代替率を達成するための積立率はより高くなります。

ざっくりとした目安を示すならば、世帯年収（税引前）に対する毎年の積立率は、妻が専業主婦のモデル世帯の場合で5～10%程度、共働き世帯で10～15%程度といったところでしょうか。世帯年収500万円の専業主婦世帯で年間25万～50万円程度、世帯年収1000万円の共働き世帯で年間100万～150万円程度が目安となります。

つみたてNISAの1年あたりの投資上限が40万円、厚生年金に加入し企業年金がない場合のiDeCoの1年あたりの投資上限が27・6万円で、両方を活用すると合計で1年あたり67・6万円まで積立投資をすることができます。これは1人あたりの金額ですから、夫婦合計では、67・6万円×2で、年135・2万円までとなります。

あくまで大胆な仮定を置いた上でのざっくりとした試算ではありますが、世帯年収1000万円以上の共働き世帯が、現在の高齢者並みの所得代替率を目指すのであれば、つみたてNISAとiDeCoの両方を夫婦で限度額いっぱいまで使うくらいの積立投資を行ってもよいかもしれません。

第6章

「35歳」は年金改革をどうみるべきか

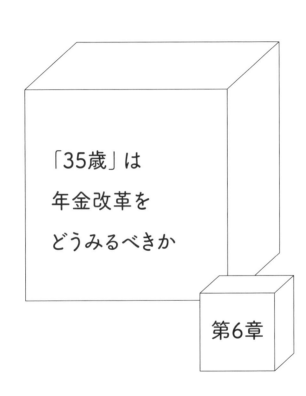

1

「積立金の枯渇」は絶対に防がなければならない

「積立金の枯渇」は政策次第で防げる

これまで本書では、公的年金の現状と将来像、公的年金の弱点を補う資産形成の仕方について解説してきました。

夫婦共働きで世帯年収を増やしていけば、現状のモデル年金を上回る年金額が確保できます。所得代替率が下がるため、現役時代と比べた相対的な生活水準は落ち込む面はありますが、NISAやiDeCoなどによる資産形成で補うこともできます。

ただし、最悪の経済状況が続くと仮定した「衰退シナリオ」の下では、今から32年後で私たちが年金をもらい始めてから3年目の2052年度に国民年金の積立金が枯渇する見込みとなっています（第2章の図表2－12参照）。その後、保険料率の引き上げ等を行わず、単純にその年の保険料（と国庫負担分）をその年の給付に回す完全賦課方式で公的年金を運営した場合、2053年度以後の年金支給額は2050年度より2割ほども削減しなければならない計算です。

一度に年金を2割も削減したら、経済や社会は大混乱に陥るでしょう。ただし、これはあくまで計算上の数字にすぎません。それが現実になるまでには、たとえ経済成長が衰退シナリオをたどったとしても、30年以上の時間があります。それまでに取れる対策はいくらでもあり、実際に政府も制度改正に向け動き出しています。

こうしたことから、私は、衰退シナリオの積立金枯渇前くらいの年金額を「私たちにとっての最悪のシナリオ」と想定し、現時点では積立金枯渇後までの年金額の減少を想定する必要はないと考えています。

第6章では、公的年金の持続可能性を高め、給付水準の底上げを図るための昨今の政府の制度改正の動きについて紹介し、それを「35歳」の私たちはどのようにみるべきかを解説します。

デフレ下で「マクロ経済スライド」が機能しなかった

これまで本書でも何度か触れてきましたが、マクロ経済スライドが十分に機能するには、ある程度の物価や賃金の上昇が必要になります。

２００４年の制度改正時に、既に年金を受け取り始めている高齢者に配慮する観点から、名目の年金額が増えるときに、その増える範囲内でしかマクロ経済スライドを行わないルールとしたのです。

これまで、（後述する物価スライド特例の解消のための引下げを除き）一度年金を受け取り始めた人の年金額が名目で減るのは、物価が下がっているときだけで、その際の年金額の減少率は物価の下落率と同率となっていました（２０２１年度以後は、現役世代の平均賃金が下落した場合は物価が下落していなくても年金額を名目で減らすようにルールが変わります）。

このルールの下では、物価上昇時は（物価上昇率に追いつかないため実質の年金額は減っているものの）名目の年金額としては増えるし、物価下落時も名目の年金額の減少率は物価下落率と同率ですので、実質の年金額は維持されることになります。年金額の目減りを実感しにくいように配慮されているのです。

デフレが滅多に起こらない一時的な現象で済めば、このルールでもよかったのかもしれません。しかし、２００4年時点の政府の目論見は外れ、デフレは長期化してしまいました。

実際にマクロ経済スライドが実施できたのは、消費税率が5％から8％に引き上げられたことで物価が上昇した後の２０１5年度が最初で、その後3年の休止を挟んだあと、ようやく物価や賃金が当たり前に上昇するようになり、２０１9年度、２０２０年度と2年連続でマクロ経済スライドを実施できるようになりました。

今後も当面は、マクロ経済スライドを実施できる可能性が高そうです。しかし、もし今後の経済が衰退シナリオをたどった場合、物価上昇率や賃金上昇率が低くなるために、本来行うべきマクロ経済スライドが十分に機能しなくなります。この結果、積立金は急ピッチで取り崩され、枯渇へと向かってしまいます。

政府・与党も無策ではなかった

今思えば、２００４年の年金改革の時点から、物価や賃金の上昇率にかかわらず、無条件にマクロ経済スライドを実施すべきと決めておくべきだったと思います。しかし、一度決めてしまった後、なかなかマクロ経済スライドができない状況に対して、政府がまったく無策であったわけでもありません。

まずは、２０１３年10月から２０１５年４月にかけて、過去に物価が下がったときに年金額を引き下げずに温存してきた２・５％分（物価スライド特例措置）の年金額の引き下げが行われました。理由を説明すると非常に長くなるので省略しますが、このルール改正をしておいたおかげで、２０１５年度に初めてマクロ経済スライドが実施できました。

その後、２０１８年度からは、物価や賃金の上昇率が低くマクロ経済スライドが行えなかった場合は、その分を翌年度以降にキャリーオーバーする仕組みが導入されました。２０１８年度はマクロ経済スライドが行えなかったのですが、その未実施分（０・２％引き下げ）はさっそくキャリーオーバーされ、２０１９年度に２年分一気に実施されました（２０１９年度分の０・３％引き下げと合わせて、計０・５％引き下げ）。

こうした施策は、今の高齢者の年金額を（物価に換算した実質で）減らす、または減らしやすくするものであるため、高齢者や野党などからは「年金カット法案」との強い批判を受けます。しかも、こうした施策を行わなくても、目先の5年や10年で積立金がなくなることはまずありません。積立金が枯渇して困ってしまうかもしれないのはずっと先の2050年ごろの話です。

それにもかかわらず、私たちが年金を受給するようになる2050年ごろやそれ以後までをも見据えて、「高齢者への痛み」を伴う制度改正を行ったと思うと、公的年金に対する見方がだいぶ変わってきませんか。

マクロ経済スライドの無条件適用を

今後の経済状況によっては、私たちの世代には親の世代よりも年金額が少ない人が増えてしまうかもしれません。物価や賃金が上がらないということは、そういう悪い経済状況に向かいつつあることを意味しています。

もちろんそういう状況が生じないよう、政府が成長戦略を掲げるのは大事なことですが、それでも物価や賃金が上がらなければ、今の高齢者と私たち（将来の高齢者）の間で「痛み分け」をお願いしたいところです。

公的年金の財政検証では、マクロ経済スライドを物価や賃金の上昇率にかかわらず（たとえ名目の支給額が減少することとなっても）無条件で適用することとした場合、今後の経済成長率等が衰退シナリオ通りとなってしまった場合であっても、積立金の枯渇を防ぎ、将来の年金の保険料と給付のバランスを均衡させることができるという試算結果が示されています。

もし今後の経済が目標シナリオに沿って順調に成長するようであれば、マクロ経済スライドのルール改正によって年金額が変わることはありません。あくまで、最悪の状況に向かって経済が縮小している場合に限って、今の高齢者にも痛み分けをお願いするだけのことです。

マクロ経済スライドの無条件適用については、最悪の状況下においても積立金を枯渇させないための最重要施策なのですが、政府として喫緊の課題とは扱っていないようです。

私たち、「35歳」の世代は、今後、物価や賃金の上昇率にかかわらず、無条件にマクロ経済スライドを実施するよう、年金の改定ルールを変えることを訴えていくべきだと思います。

2 少しでも多くの人を「厚生年金の仲間」に加える

厚生年金に入っていない給与所得者が1260万人いる

これまで本書では、会社員や公務員は厚生年金に加入していることを前提にお話ししてきましたが、実際には給与所得者5700万人のうち厚生年金に加入しているのはその約8割の4440万人にとどまっています。

給与所得者であっても厚生年金に加入していない人には、主に2つのパターンがあります。

1つは、給与所得者本人の労働時間が足りないパターンです。厚生年金は原則として週30時間以上働くフルタイムの給与所得者を対象としてきたため、パートタイムで働く人は厚生年金に加入できない場合があります。

もう1つは、勤め先がそもそも厚生年金に加入していないパターンです。法人（株式会社、社団法人、財団法人など）は1人でもフルタイムの給与所得者を雇うと厚生年金に加入する義務がありますが、個人事業主の場合、業種や雇用人数によっては厚生年金に加入しなくてもよいこととなっています。また、法律上は厚生年金に加入しなければならないのに不法に厚生年金加入の届け出をせず、従業員を厚生年金に入れていない企業も存在します。

厚生年金に加入していない給与所得者が受け取る老後の年金は、基礎年金だけとなります。

かつては、こうした給与所得者の多くは、会社員や公務員の夫を持ちながら家計補助的に働く女性が中心だったかもしれませんが、今や男女とも非正規雇用は増えており、そのなかには未婚の方も少なくありません。既婚女性であっても、その収入は次第に家計にとって欠かせない存在に変わってきています。

厚生年金に加入しない給与所得者は、将来、年金額が少なく困窮する高齢者となってしまうことが懸念されるのです。

厚生年金加入者を増やす努力

政府は、少しでも多くの給与所得者に厚生年金に加入させるよう努力をしています。

１つ目は、パートタイム労働者の厚生年金加入要件の緩和です。

現在、パートタイムで働く場合、図表６－１に示した①週20時間以上働き、②月給８・８万円以上で、③１年以上の雇用見込みがあり、④学生ではなく、⑤５０１人以上の企業に勤務している こと――の５つの条件を満たした場合に、厚生年金に加入することとなっています。

このうち⑤の企業要件につき制度改正を行い、２０２２年10月からは１０１人以上の企業に、２０２４年10月からは51人以上の企業にまで拡大させる予定です。また、③の１年以上の

図表6-1　厚生年金に加入するか否か（現行制度）

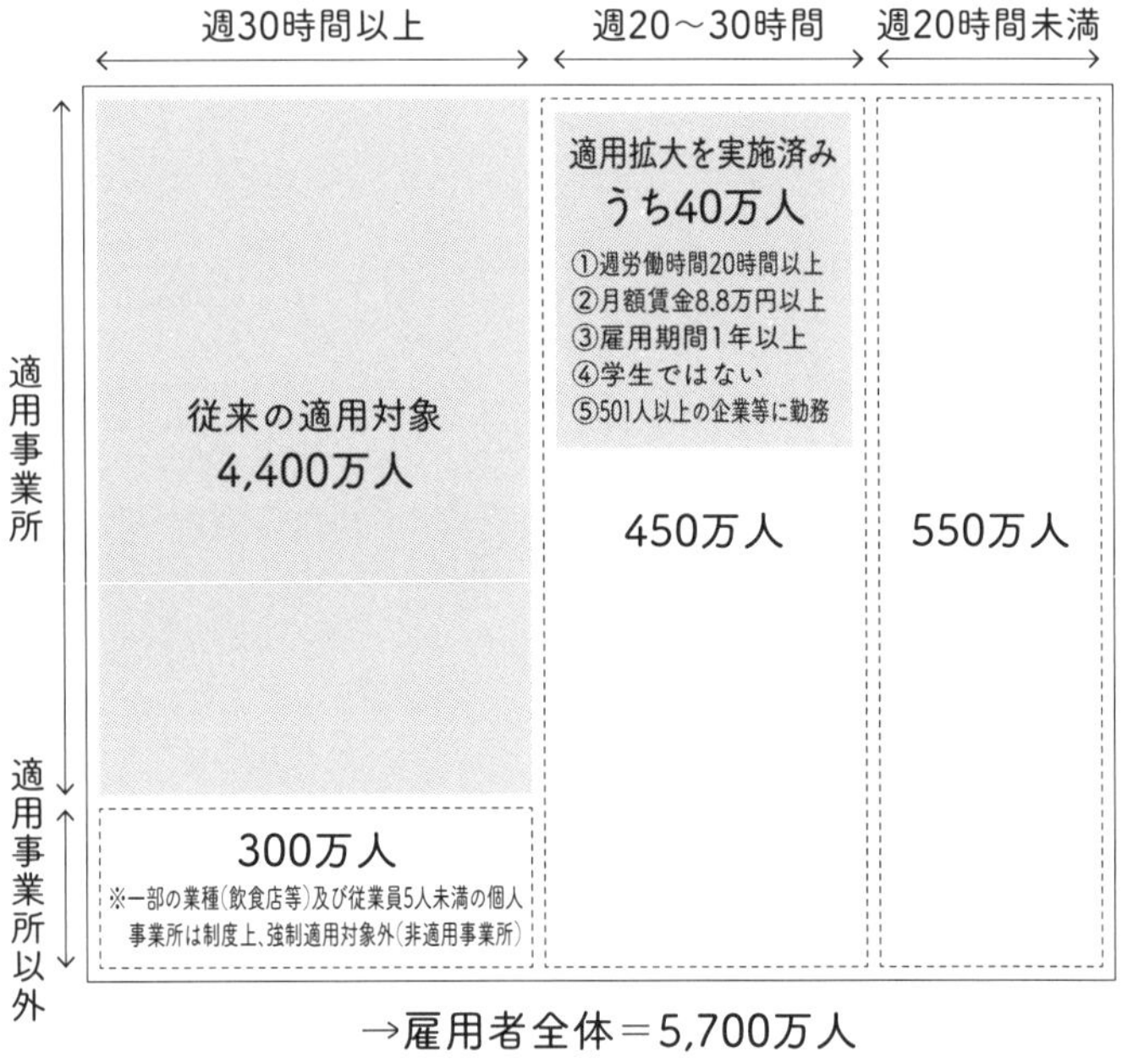

（注）「労働力調査2018年4～8月平均」の特別集計を用いて推計したもの。なお、厚生年金の被保険者年齢の上限である70歳以上の雇用者は除いている。

（出所）厚生労働省「第10回社会保障審議会年金部会　参考資料1」（2019年9月27日）

雇用見込みについても撤廃し、フルタイム労働者と同様に2か月超の雇用見込みがあれば厚生年金に加入することとする予定です。

これらの改正により、パートタイム労働者の働き方が現在と変わらない前提の単純計算で、２０２２年10月には45万人、２０２４年10月にはさらに20万人（計65万人）が、新たに厚生年金に加入することとなる見込みです。

２つ目は、雇用主への厚生年金加入の徹底です。不法に加入の届け出をせず、従業員を厚生年金に入れていない企業に対して、厚生労働省は指導を徹底するようになりました。２０１５年度からは、国税庁が保有している情報も活用することで、従来よりも厚生年金に加入させるペースを速めています。２０１５年度から２０１７年度の３年間で、30万６７１９の事業所に勤める73万２９９６人を新たに厚生年金に加入させることができました（厚生労働省「第10回社会保障審議会年金部会〈２０１９年９月27日〉参考資料１」より）。

厚生年金加入者が増えると、みんなの年金額が増える

厚生年金の加入者が増えると、新たに厚生年金に加入する人本人の年金額が増えるだけでなく、日本全体の基礎年金の年金額も増えることになります。

この仕組みは、非常に複雑です。

国民年金（第1号被保険者）と厚生年金（国民年金第2号被保険者および第3号被保険者）は、それぞれ独立した財政運営をして、別々に積立金を持っています。厚生年金の給付費はもちろん厚生年金の保険料や積立金から賄うのですが、国民共通の基礎年金の給付費については、その年の国民年金と厚生年金の加入者数で按分して、国民年金と厚生年金の保険料や積立金から賄うことになっています（これを、基礎年金拠出金といいます）。

国民年金の第1号被保険者が厚生年金に移ると、国民年金から支払う基礎年金拠出金の負担が軽くなります。この際に、移った人の分の積立金を厚生年金に移すわけではないので、残った国民年金第1号被保険者1人あたりの積立金残高は増え、財政が改善するのです。

現状、厚生年金と国民年金の財政状況には差があり、厚生年金の積立金は年金給付費の4年分が積み立てられているのに対し、国民年金は3・3年分にとどまります。厚生年金より財政の厳しい国民年金でも、基礎年金の費用を賄えるようになるまで年金額の調整（すなわち、マクロ経済スライド）を行う必要がありますが、国民年金の財政が改善すれば、その調整幅がより小さくて済むのです。

国民年金の第1号被保険者が厚生年金に移ると厚生年金の財政は悪化します。一方で、これまで保険料を負担しなかった第3号被保険者が厚生年金に加入して保険料を払うようになると、こちらは厚生年金の財政を改善させる効果があります。短時間労働者への適用拡大ではこの2つの効果が相殺されるため、厚生年金の財政に与える影響は軽微です。

図表6-2 適用拡大による2050年度の年金額への影響

		適用拡大なし	適用拡大あり	適用拡大による変化額	適用拡大による変化率
計算式	基礎年金（1人あたり・万円）	64.8	72.0	7.2	11.1％
	厚生年金（生涯賃金に対する割合）	0.54％	0.52％	−0.02％pt	−4.0％
年金額（年額・万円）	モデル世帯	249.3	258.9	9.6	3.8％
	中収入の共働き世帯	348.4	354.0	5.6	1.6％
	高収入の共働き世帯	508.9	507.9	−0.9	−0.2％

（注1）仮に2024年度に適用拡大が行われたとした場合の試算。
（注2）経済前提は「国力維持シナリオ」（ケースV）を用いた。
（注3）モデル世帯、中収入の共働き世帯、高収入の共働き世帯の前提は図表5-1と同様（以後、本章において同じ）。
（出所）2019年財政検証をもとに大和総研試算

基礎年金11％アップの可能性も

図表6－2は、国力維持シナリオの下で、現在政府が検討しているなかで最も大規模な適用拡大を行った（5・8万円以上を得る給与所得者全てを厚生年金に加入させる案）場合に、2050年度の年金額がどう変わるかをみたものです。

適用拡大を行うと、行わない場合と比べて1人あたりの基礎年金額が年64・8万円から年72・0万円へと7・2万円、率にして11・1％増加します。厚生年金の生涯賃金に対する割合は0・54％から0・52％へと0・02％ポイント低下しますが、トータルの年金額はモデル世帯で年

9・6万円増え、中収入の共働き世帯でも年5・6万円増加します。高収入の共働き世帯は適用拡大により年0・9万円減少することとなりますが、元々の水準が年508・9万円とかなり多いですから、この程度の再分配は許容されるのではないでしょうか。

もちろん、国力維持シナリオだけでなく、目標シナリオが実現した場合にも、基礎年金額が増加する効果があります。

衰退シナリオにおいては、2052年度に積立金の枯渇が見込まれていますが、適用拡大を行うと、積立金は少しだけ温存され、枯渇の時期は2065年度まで13年間先送りできる見込みです。もっとも、適用拡大だけでは積立金の枯渇を防ぐことはできませんので、先に述べた「マクロ経済スライドの無条件適用」は必須といえるでしょう。

3

45年加入は「私たちの年金」を増やす方向に

60歳から65歳までをどう位置付けるか

現在、(1966年度以後に生まれた世代が)公的年金を受け取る年齢は原則65歳からですが、国民年金に加入し保険料を払う義務のある年齢は60歳までです。

このため、自営業者やフリーランサーが国民年金保険料を払うのは60歳までとなります。また、会社員や公務員が60歳で定年退職して、その後一切働かなかったり、自営業を営んだり、（厚生年金の加入要件を満たさない程度に）パートタイムで働くなどした場合も、60歳以後は保険料を支払う必要はありません。

しかし、60歳を超えても何らかの形で働き続けている人は少なくありません。60～64歳の就業率は男性で82・3％、女性で58・6％です（総務省「労働力調査」２０１９年）。

実は、国民年金保険料を支払う年齢は、１９６１年の制度創設時から一度も変更されていません。制度創設時の考え方として、「60歳を超えれば所得能力が減退し、保険料を負担する能力はなくなるが、なんらかの所得活動に従事し、自己の生活を賄う程度の所得があるのが通例であって、65歳に至ればそれすら不可能となるという考え方に基づき、60歳までの保険料負担、65歳からの老齢年金支給開始とされ」（厚生労働省「第６回社会保障審議会年金部会〈２０１８年11月２日〉資料１」の説明による）ました。

今から60年近く前、会社員は55歳定年が一般的で、平均寿命が男性66歳、女性70歳だった時代においては、60歳を超えれば「保険料を負担する能力がなくなる」と言えたかもしれません。しかし、当時よりも平均寿命が延び、60代でも働く人が増えていることを踏まえると、今なら60代前半はまだ保険料を負担できるようにも思えます。

45年加入なら基礎年金は12・5％アップ

60歳を超えても、週30時間以上働くなど厚生年金の加入要件を満たした場合、最長で70歳に至るまで、引き続き厚生年金保険料を支払うことになります。

この場合、60歳を超えて保険料を払った期間分は「厚生年金」を算出する上での生涯賃金の算定対象には入りますが、「基礎年金」を算出する上での年金加入期間には算入されません。累計40年を超えて年金保険料を支払っても、基礎年金は40年分の満額で打ち切りであり、それ以上増えない仕組みになっています。

そこで、65歳までの45年間を国民年金保険料を納めるべき期間とし、保険料の満付期間を45／40倍とする分、基礎年金の満額も45／40倍に、すなわち12・5％アップさせる案が政府内で検討されています。

図表6－3は、国力維持シナリオにおける2050年度の年金額を示したもので、現行制度の下で40年間働いて保険料を納めたモデル世帯の年金額は年249・3万円（①）になりますが、45年間働いて保険料を納めれば生涯賃金が増加するため、年金額は年259・8万円（②）に増加します。制度改正を行い、基礎年金が12・5％アップすると、年金額は年275・6万円（③）まで増加します。

この制度改正は、厚生年金の財政を少しだけ悪化させ、現行制度よりも厚生年金から基礎年

図表6-3　保険料拠出期間延長による2050年度の年金額への影響

		①現行制度で40年働く	②現行制度で45年働く	③制度改正して45年働く	②⇒③による増加額	②⇒③による増加率
計算式	基礎年金(1人あたり・万円)	64.8	64.8	72.9	8.1	12.5%
	厚生年金(生涯賃金に対する割合)	0.542%	0.542%	0.540%	−0.002%pt	−0.3%
年金額(年額・万円)	モデル世帯	249.3	259.8	275.6	15.8	6.1%
	中収入の共働き世帯	348.4	367.5	382.9	15.4	4.2%
	高収入の共働き世帯	508.9	542.1	556.9	14.8	2.7%

（注１）仮に2026年度より納付年数の上限を３年ごとに１年延長した場合の試算。
（注２）経済前提は「国力維持シナリオ」（ケースⅤ）を用いた。
（注３）60〜64歳の年収は、それぞれ20〜59歳の平均年収の７割と仮定。
（注４）制度改正による年金加入者分につきマクロ経済スライド率を縮小しないと仮定。
（出所）2019年財政検証をもとに大和総研作成

金に回るお金が増えるため、生涯賃金に対する厚生年金の割合はわずかに低下します（０・５４２％⇒０・５４０％）。

このため、制度改正による年金額の増加額は低収入の世帯ほど多くなり、増加率でみるとその差は顕著になります（高収入の共働き世帯の増加率が２・７％であるのに対し、モデル世帯の増加率は６・１％）。

もっとも、この改正を行ったとしても、それだけでは（枯渇を２年先送りすることはできますが）衰退シナリオにおける積立金の枯渇を防ぐことはできません。

実現に向けた課題は3つ

保険料拠出期間を延長すると給付を増やせるのですが、実現に向けた課題が3つあります。

1つ目は、財源の問題です。基礎年金の給付費の半分は税金で賄うこととしているため、制度改正を行うためには、保険料以外にも、消費税率0・5%分程度の税金が新たに必要になります。消費税率8%から10%への引き上げが2回の延期を経てなんとか2019年10月に実現したところですが、さらなる増税や、その増税によって得られる財源を年金に使うことに合意が得られるかは、大きな課題となります。

2つ目は、免除制度の問題です。国民年金（第1号被保険者）には、低所得者は申請により保険料の免除を受けられる制度がありますが、それを単純に60～65歳にも適用してよいのか検討する必要があります。病気や障害、体力の低下などによって（十分に）働けない低所得の60～65歳については、保険料免除の対象とするべきでしょう。一方で、仕事は完全に引退して趣味を楽しむ心身ともに健康な60～65歳も単純に所得で測ると「低所得者」となりますが、こちらも保険料を免除とすべきでしょうか。所得だけで保険料免除を判定する現在の基準を再設計する必要がありそうです。

3つ目は、増えた保険料の分配の問題です。保険料の拠出期間を延長すると、保険料収入がすぐに増加します。この増えた保険料収入を、45年まで納付することとなる世代の年金額を増やすためだけに分配するのか、40年の納付期間であった既存の年金受給者も含めて一律に年金額を増やすために分配するのかが政治課題となります。図表６−３の試算では、保険料の拠出期間を延長した世代から年金額を増やすことを前提にしていますが、一律に増やすこととすると、保険料の拠出期間を延長した世代の年金額の増加は小幅になります。

4 少子化対策は年金対策にもなる

出生率が改善すれば将来の年金は増える

これまで、年金額の試算をする上で、シナリオによって前提を変えていたのは実質賃金や経済成長率だけでしたが、実際には出生率の変化によっても将来の年金額は大きく変わってきます。

私たちが年金を受け取り始める（65歳になる）２０５０年時点には、２０２０年に産まれた子どもは30歳になり、立派に保険料を納めています。私たちの年金の大部分は私たちの子どもや孫の世代が支払ってくれる保険料から賄われますので、私たちの世代がどのくらいの数の子

図表6-4　出生率の実績と将来見通し

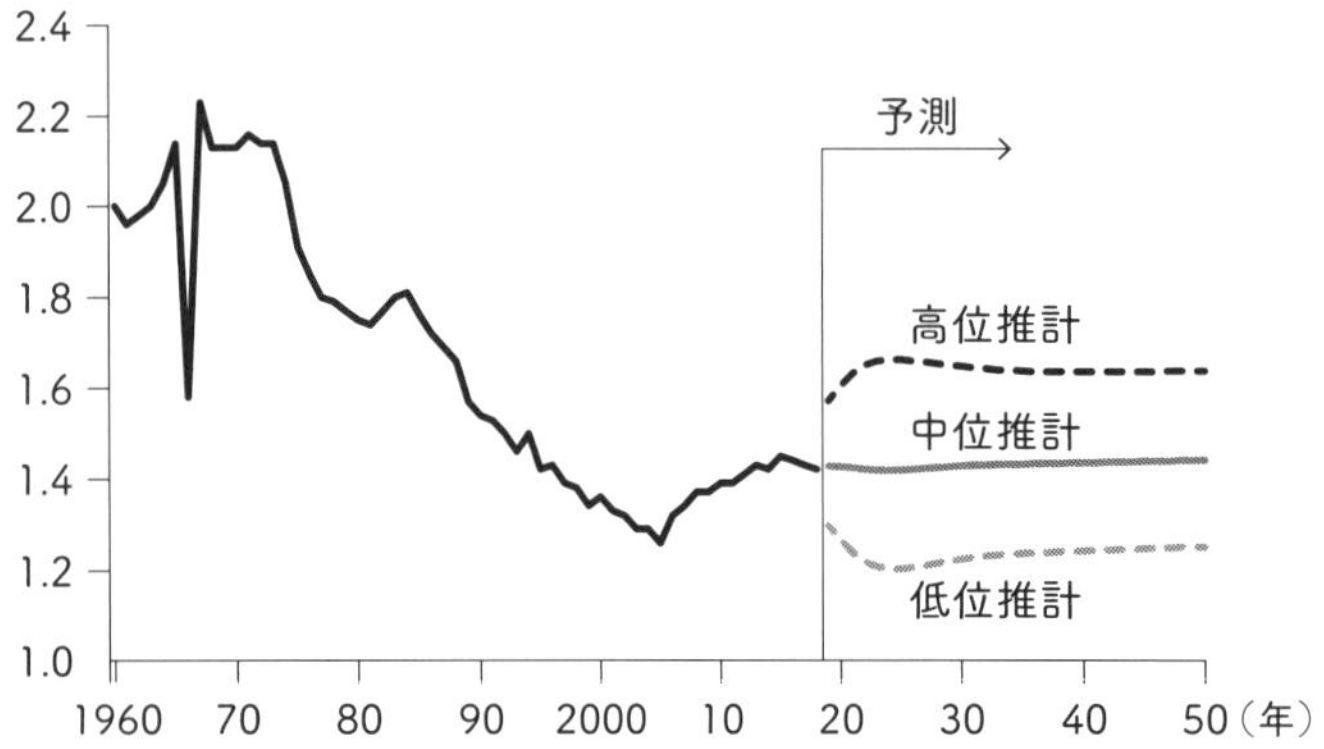

（出所）厚生労働省「人口動態統計」および国立社会保障・人口問題研究所「日本の将来推計人口（平成29年推計）」をもとに大和総研作成

どもを産み育てるかによって、私たちが受け取る年金も大きく変わってきます。

1人の女性が一生のうちに産む子どもの数を示す出生率は、2005年の1・26でいったん底を打ってから、2015年までは上昇し、1・45まで回復しました。その後はわずかながら低下傾向にあり、2018年現在1・42となっています。

財政検証では、現在とほぼ同じ1・44程度の出生率が続くと仮定した場合（中位推計）をベースに年金額が試算されていますが、今後数年で出生率が1・65程度まで急回復して、その後も1・65程度の水準が続くと仮定した場合（高位推計）の試算も出されています（図表6－4）。

国力維持シナリオの下で、出生率につき中位推計の場合と高位推計の場合でどれだ

図表6-5 出生率向上による2050年度の年金額への影響

		①出生率中位推計	②出生率高位推計	①⇒②による増加額	①⇒②による増加率
計算式	基礎年金(1人あたり・万円)	64.8	65.4	0.6	0.9%
	厚生年金(生涯賃金に対する割合)	0.54%	0.57%	0.03%pt	6.1%
年金額(年額・万円)	モデル世帯	249.3	257.8	8.5	3.4%
	中収入の共働き世帯	348.4	362.9	14.5	4.2%
	高収入の共働き世帯	508.9	533.1	24.2	4.8%

(注)経済前提は「国力維持シナリオ」(ケースV)を用いた。
(出所)2019年財政検証をもとに大和総研試算

け年金額が変わるかを示したものが、次の図表6−5です。

出生率が高位推計に沿って推移した場合、中位推計で推移した場合と比べ、基礎年金は0・9％、厚生年金は6・1％増加します。基礎年金よりも厚生年金の方が出生率上昇による財政の改善効果が大きくなっています。

したがって、出生率上昇による年金額の増加は、モデル世帯では3・4％増ですが、中収入の共働き世帯では4・2％増、高収入の共働き世帯では4・8％増と、より生涯賃金の多い世帯ほど増加率が大きくなっています。

なお、出生率が1・65程度まで上昇しても、やはり、それだけでは衰退シナリオにおける積立金の枯渇を防ぐことはできません（枯渇の時期も変わらない見込みです）。これは、出生率が急回復しても、それが保険料収入に反映されるまで20年以上のタイムラグがあるために、その間の積立金の取り崩しを防げないためです。

希望の子ども数を持てる社会に

政府は、希望出生率1・8の実現を目標に掲げています。子どもを持つか否かは個人や夫婦が選択するものであり、国が強制すべきものではないでしょう。しかし、結婚の有無や、子どもの数について、若い世代の希望が実現したとしたら、出生率は1・8程度まで上昇することが想定されています。この「希望出生率」が実現できるよう、若い世代が希望する結婚や出産、子育てを阻む要因をなるべく取り除いていこうというのが、現在の政府の方針です。

夫婦が理想の子ども数を持たない理由としては、「子育てや教育にお金がかかりすぎるから」と答える人が60・4％で最多となっています（複数回答、国立社会保障・人口問題研究所「第14回出生動向基本調査〈夫婦調査〉」による）。

そこで、政府は子育て世帯の費用軽減を図るため、消費税率8％から10％への引き上げによって得られる税収を使って、2019年10月から3歳以上（および低所得世帯の3歳未満）の幼児教育の無償化を実施し、2020年4月からは低所得世帯における高等教育の無償化を実施することとしました。

幼稚園や保育所の保育料、大学の授業料などの目にみえる負担については対処が進んできているところですが、子育てのために働けなくなることによる収入の減少にも目を配る必要があります。

第3章では、私たちの世代では、保育所は大幅に増設されており、女性が子どもを産んでも働き続けることが一般的になりつつあると述べてきましたが、現在でも待機児童問題が解消したわけではありません。保育所に子どもを預けることができずに仕事を辞めざるを得なかった女性や、子どもを預けることができないがゆえに仕事を始めることができない女性も少なくありません。

子どもを保育所に預けることができなくても、産休や育休によって職場の籍を残すことができれば、最長で子どもが2歳になるまで育休前の月給の50～67％の給付金が支給され、当面の生活費が確保されます。しかし、特に非正規雇用で働く女性では、就業継続を望みながらも産休や育休を取得できず、給付金を受け取ることすらできないケースもままあるようです。子どもを産んだ女性のうち、実際に育児休業給付金を受け取っている人は4割ほどで、残りの約6割は育児休業給付金を受け取っていません。

夫婦（男女）ともに低収入で、2人の収入を合わせてなんとか暮らしていけている夫婦の場合、妻が出産後に育児休業給付金を受け取ることができないと、家計が「相対的貧困」に陥る可能性もあります。また、そうした世帯では、そもそも子どもを持つことを躊躇しそうです。

私は、保育所等を利用せずに2歳未満の子どもを家庭でみている場合は、親の出産前の仕事の有無にかかわらず、育児休業給付金を支給するべきではないかと思います。これにより、1人分の稼ぎと育児休業給付金で、とりあえず子どもが2歳になるまでの生活費が確保できますので、安心して子どもを持てるようになります。

出生率上昇による年金額増加の恩恵は高収入世帯ほど大きくなりますので、高収入の世帯に財源の負担をお願いする余地もありそうです。これについては、幼児教育・高校・高等教育の無償化や児童手当など子育て関係予算の所得制限の強化で対応する方法もありますが、それよりは所得税の累進強化で対応した方がより良いのではないかと思います。子どもに対する給付は親の所得に関係なく行うべきだと思うからです。

いずれにしても、私たちの世代が受け取る年金は、私たちの世代がどれだけの子どもを産み育てることができるかで大きく変わってきます。読者の皆様には自分の世帯が子どもを持つことだけでなく、世代として希望する人数の子どもを持てるようにすることにも、ぜひ関心を持ってほしいです。

おわりに　「全世代型社会保障」の未来図

本書では、厳しい経済状況を想定してもなお、女性の働き方が変化していくことによって、後に生まれた世代ほど世帯の生涯賃金が増え、世帯の年金額も増えていく明るい未来図を示しました。しかし、私がこのような明るい未来図を描けるようになったのは、実はつい最近のことです。

これまで私は「モデル世帯」を中心に年金の未来図を考えていました。今後の経済成長率について保守的に見積もると、モデル世帯が受け取る年金額は年を追うごとに減っていく見通しとなります。これをもって、私たちの世代の老後は、今の高齢者より貧しいものになる可能性が高そうだ……とイメージしていました。

そのイメージを大きく変えたのが、２０１９年の暮れに出席した高校の同窓会での出来事でした。33歳か34歳となり、結婚し子どもを持つ同級生が増えているなかで、同窓会に出席した女性の全員が現在働いて収入を得ていることに気づきました。全員というのは偶然だったかもしれませんが、今や結婚や出産を経ても働き続ける女性の方が多数派です。第３章でもみましたが、共働き世帯が増えていることにより、30代子育て世帯の世帯年収は増加傾向にあります。

親や先輩たちの世代と比べて女性の働き方が大きく変わっていることを踏まえると、私たちの世代の将来の年金額はどのくらいになるのだろうか……と思って、いざ試算してみると、思ったより良い結果が出た、というのが正直な感想です。

むろん、第5章で紹介した通り、共働き世帯の所得代替率は低くなります。厚生年金のなかに所得再分配機能があるため、世帯収入の多い共働き世帯はどちらかというと年金の「支え手」側に回ります。このことについて、かつての私は不満を持っていたのですが、実際に、育児休業給付金や幼児教育無償化などの各種の給付を受け取る側にもなっていることに気づくと、また見方が変わりました。

私が好きで、世代が近い小説家の辻村深月氏は、著書『クローバーナイト』（2016年、光文社）のなかで、共働きで助け合いながら子育てをする同世代の夫婦像を描きました。主人公の夫婦は親から「この年まで育ててやった」と言われますが、その主人公夫婦は自分の子どもを産んだことについて、「私の意志だし、私が選んだことだよ。大変なことも多いけど、楽しいこともすごく多い。あの子たちには、むしろ、〝育てさせてもらってる〟って思ってる」と語ります。〝（子どもを）育てさせてもらってる〟――この感覚は、ライフスタイルが多様化した時代にあって、子どもを持つか否かを自分たちで選べるようになり、かつ数々の子育て支援や両立支援策を受けて充実した暮らしを実現できているからこそ実感できるもので、おそらく、親や先輩たちの世代とは異なる感覚なのではないかと思います。

数々の支援を受けながら子育てが大変な時期を乗り切ったら、今度は私たちがたくさん保険料を納める番だ——そう思うと、私たちが年金の「支え手」側に回ることに悪い気はしません。お互いに支え合いながら、より豊かな未来を目指していく、政府が思い描く「全世代型社会保障」とはこんな姿なのではないでしょうか。

本書は、多数の方のご支援があって出版することができたものです。慶應義塾大学の権丈善一教授、厚生労働省の伊澤知法年金課長、日本経済新聞社の田村正之編集委員、社会保険労務士の佐藤麻衣子さんなど外部のたくさんの識者の方々と、年金の未来像と考えうる改革案について率直な議論をさせていただいたおかげで、私自身の考えをまとめることができました。

大和総研内では、調査本部の牧野正俊本部長に快く執筆の了解をいただき、同本部の保志泰副本部長、金融調査部の吉井一洋制度調査担当部長、森駿介研究員、政策調査部の鈴木準部長、佐川あぐり研究員、経済調査部の神田慶司シニアエコノミストなどから大変有益なご指摘をいただきました。また、大和証券・確定拠出年金ビジネス部の小出昌平部長からは貴重なデータを提供いただきました。

最後に、本書は、私が本書の構想を練り、執筆する時間をいただけたからこそ世に出すことができたものです。執筆期間中、私の時間を優先的に作ってくれた妻、元気に過ごしてくれた我が子、我が子を大事に預かり育てていただいた保育園の先生方に、心からの感謝の意を示し、本書の結びとさせていただきます。

2020年2月

是枝俊悟

参考文献一覧

〈公的年金関係〉

井戸美枝『受給額が増える！ 書き込み式 得する年金ドリル』（２０２０年、宝島社）
権丈善一『年金、民主主義、経済学：再分配政策の政治経済学Ⅶ』（２０１６年、慶應義塾大学出版会）
権丈善一『ちょっと気になる社会保障 増補版』（２０１７年、勁草書房）
是枝俊悟『徹底シミュレーション あなたの家計はこう変わる！』（２０１３年、日本法令）
佐藤麻衣子『30代のための年金とお金のことがすごくよくわかって不安がなくなる本』（２０１８年、日本実業出版社）
鈴木準『社会保障と税の一体改革をよむ』（２０１２年、日本法令）
鈴木亘『社会保障の「不都合な真実」』（２０１０年、日本経済新聞出版社）
鈴木亘『年金は本当にもらえるのか？』（２０１０年、筑摩書房）
高山憲之『信頼と安心の年金改革』（２００４年、東洋経済新報社）
高山憲之『年金と子ども手当』（２０１０年、岩波書店）
橘木俊詔『消費税15％による年金改革』（２００５年、東洋経済新報社）
田村正之『人生１００年時代の年金戦略』（２０１８年、日本経済新聞出版社）
西沢和彦『年金制度は誰のものか』（２００８年、日本経済新聞出版社）

西沢和彦『税と社会保障の抜本改革』（2011年、日本経済新聞出版社）
堀勝洋『年金の誤解─無責任な年金批判を斬る』（2005年、東洋経済新報社）
吉原健二・畑満『日本公的年金制度史：戦後七〇年・皆年金半世紀』（2016年、中央法規出版）

〈その他〉
海老原嗣生『女子のキャリア─〝男社会〟のしくみ、教えます』（2012年、筑摩書房）
白河桃子・是枝俊悟『「逃げ恥」にみる結婚の経済学』（2017年、毎日新聞出版）
竹川美奈子『一番やさしい！　一番くわしい！　個人型確定拠出年金iDeCo（イデコ）活用入門』（2016年、ダイヤモンド社）
竹川美奈子『税金がタダになる、おトクな「つみたてNISA」「一般NISA」活用入門』（2018年、ダイヤモンド社）
橘木俊詔・迫田さやか『夫婦格差社会──二極化する結婚のかたち』（2013年、中央公論新社）
田村正之『〝税金ゼロ〟の資産運用革命　つみたてNISA、イデコで超効率投資』（2018年、日本経済新聞出版社）
辻村深月『クローバーナイト』（2016年、光文社）
中野円佳『「育休世代」のジレンマ　女性活用はなぜ失敗するのか？』（2014年、光文社）
前田正子『保育園問題──待機児童、保育士不足、建設反対運動』（2017年、中央公論新社）

野原理子・富沢康子・齋藤加代子「保育園児の病欠頻度に関する研究」（『東京女子医科大学雑誌』87巻6号、146−150ページ）
古市憲寿『保育園義務教育化』（2015年、小学館）
Shintaro Yamaguchi, Yukiko Asai and Ryo Kambayashi "How Does Early Childcare Enrollment Affect Children, Parents, and Their Interactions?", McMaster University, Department of Economics, Working Paper Series 2017-05
山口慎太郎『「家族の幸せ」の経済学 データ分析でわかった結婚、出産、子育ての真実』（2019年、光文社）
山崎元・岩城みずほ『人生にお金はいくら必要か』（2017年、東洋経済新報社）

是枝俊悟（これえだ・しゅんご）

大和総研　金融調査部　研究員

1985年生まれ。2004年千葉県立千葉東高等学校卒業、2008年早稲田大学政治経済学部卒業、同年大和総研入社。金融庁出向を経て2016年より現職。社会保険労務士、CFP®、証券アナリストなどの資格を持ち、証券税制を中心とした金融制度や税財政の調査・分析を行う。

女性と男性の働き方や子育てへの関わり方についてもライフワークとして情報発信を行っており、Business Insider Japanにてコラムを連載中。

長男の誕生の際に約2か月、長女の誕生の際に約1か月の育児休業を取得し、妻とともに共働き子育てを実践中。

著書に『徹底シミュレーション　あなたの家計はこう変わる！』（2013年、日本法令）、『NISA、DCから一括贈与まで 税制優遇商品の選び方・すすめ方』（2016年、近代セールス社）、共著に『「逃げ恥」にみる結婚の経済学』（2017年、毎日新聞出版社）などがある。

35歳から創る自分の年金

2020年3月17日　1版1刷

著　者　是枝俊悟

発行者　金子　豊

発行所　日本経済新聞出版社
https://www.nikkeibook.com/
東京都千代田区大手町1-3-7　〒100-8066

印刷・製本　中央精版印刷
本文組版　マーリンクレイン
装　丁　夏来怜

ISBN978-4-532-35850-1